KB155095

갈랴 세메니우크에게 감사의 말을 전합니다. 그녀의 도움과 헌신이 없었다면 이 책은 나올 수 없었을 겁니다.
정신적으로 저를 돕고 지지해준 에두아르도 브루냐텔리, 함께 해준 디디에 고노르, 조언을 아끼지 않은 알랭 다비드,
없어서는 안 될 도움을 준 수잔나 카네와 다니엘라 팔라모네, 전문적인 조언을 해준 스테파노 사키텔라, 알베르토 파두 박사님,
넬로 바카 박사님, 편집 기술자 레오나르도 과르딜리, 문학 기술의 엘레나 마리노니, 데니스 실베스트리에게 감사드립니다.
그리고 당연히, 안드레이, 세라피마, 마리아, 니콜라이Ⅴ, 니콜라이Ⅱ, 에밀리아, 옐레나, 아나톨리와 이 긴 여행 중에
저를 아낌없이 도와주었던 모든 이에게 감사를 표합니다.

세리피마 안드레예프나에게,
그녀가 살아오면서 본 것들에 대해서.

우크라이나 이야기

2년간의 여행 기록

이고르 지음 · 정소중 옮김

books
투 비 북 스

2년간의 여행 기록

나한테 우크라이나는 처음엔 소비에트의 하늘에 속해 있는, 구름에 덮인 듯 모호한 곳이었다.

이 이야기를 시작하기로 한 뒤에 어릴 적 집에서 듣곤 했던 이국적인 이름들이 떠올랐다. 키예프, 오데사, 폴타바, 세바스토폴, 얄타...... 콘크리트로 만들어진 도시들.

우크라이나

공산주의 시절, 그리고 그 이후의 삶은 어땠을까? 나도 스스로에게 솔직하게 물어보곤 했다.

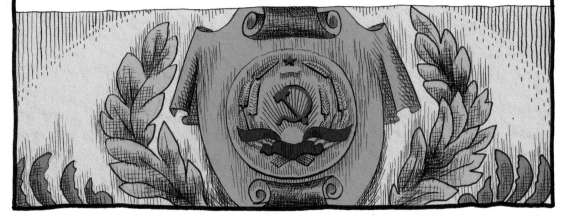

로켓 시티

2008년 여름에 나는 우크라이나 동쪽에 있는, 인구 121만 명의 드네프로페트로프스크^(*)에 있었다. 냉전 시기에는 소련의 모든 미사일이 이곳에서 만들어졌다.

이곳을 로켓 시티라고 부르던 사람이 있었다. 고작 10년 전만 해도 외국인은 발을 들일 수 없는 곳이었다. 현재는 많은 게 바뀌어 내 방 창문으로 드네프르 강이 잔잔히 흘러가는 모습을 볼 수 있다.

그런 도시에서 3일 동안 물이 나오지 않는다. 영원할 것 같던 그 3일 동안 나는 무슨 일이 일어나는지 이해하려고 노력했다.

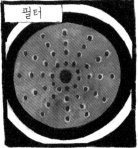

창문 밖으로 흐르는 그 탁한 강물은 몸을 씻는 것이 가능하다고 '음용 가능한' 물로도 정의되었지만 그 물로 차를 만들어 마실 수는 없었다.

물을 저장하려고 욕조를 채운다, 물 없이 살 수 없으니까. 약 20분 뒤, 나는 수도꼭지를 잠그러 갔다가 공중에 떠 다니는 녹색 솜털을 보았다.

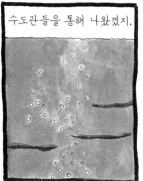

* 드네프르 강가에 있는, 우크라이나의 공업 도시

안드레이

안드레이의 아버지는 '붉은 군대'[*] 소속이었다고 한다. 성인이 되자 안드레이는 공산당 배지를 달아야 했는데, 그리 하지 않으면 경력을 쌓을 방법이 없었기 때문이다.

그는 매위가 되었다.

하루는 안드레이의 아내가

그들 가족만 따로 살기를 원했다.

저 '위쪽에 있는 러시아'[**]에서는 아파트 하나를 다른 가족과 나눠 써야 했기 때문이다.

그들은 몇 년 동안
1974
차례를 기다렸다.

그리고 마침내 아파트 한 채를 구입할 수 있었다.

자동차 한 대도!

그러나 결혼 생활은 잘 굴러가지 못했고 지금은 이혼했다. 안드레이는 어릴 때 들었던 어른들의 이야기들이 기억난다고 했다.

예를 들어, 만약 어떤 사람이 야심을 모두 접고 외국에 나갔다가 다시 돌아온다면 그 사람은 결국 노동자밖에 될 수 없다는 이야기이다. 왜냐하면 그가 스파이일 수도 있다는 생각을 누구라도 머릿속에서 떨쳐버릴 수가 없어서 그 사람에겐 중요한 일을 맡기지 않기 때문이라고 했다.

또 안드레이는 이렇게 말했다. 만약 당신이 문제가 생겨

한번이라도 몸을 숨기게 된다면

절대로 당신에게 중요한 역할은 주지 않지요.
HET
아웃

이미 이런 딱지가 붙어서다.
불안정
왼쪽   오른쪽

모두가 알고 있는 무언의 규칙들이 있었다. 냉전 중의 소련은 미사일 공장과 무기 공장 사이에서, 그리고 소문과 의심 사이에서 성장했다.

U.R.S.S. 소비에트 연방

* 러시아혁명 이후에 만든 소련의 군대   ** 우크라이나는 러시아의 동남쪽에 위치함.

미국에 갔을 때 미샤는 그곳이 맘에 들지 않았다고 한다.
"미국뿐만 아니라 미국의 어떤 것도 좋아하지 않았어요."라고 안드레이가
옆에서 말했다. "미샤는 프롤레타리아였거든요."
미샤는 소비에트 연방 시절의 공군 생활이 잘 맞았고, 그 시절을 좋아한다고 했다.
그는 우크라이나가 친서방 지역과 친러시아 지역으로 나뉜 것은 사실이 아니라고
했다.
"사람들은 가족을 만들고, 아이들을 낳고, 겨우 먹고살 만큼의 벌이에 대해
생각할 뿐이에요." 그는 검게 코팅된 유리창과 라디오가 달린 SUV 자동차,
예쁜 아내, 그리고 컴퓨터 가게(그는 정확히 'my computershop'이라고 말했다)를 갖고
있다. 미샤는 인생에서 흔히 마주 칠 수 있는 현실적인 인간 같았다. 그에게
많은 질문을 해대자. 나에게 "당신, 뭐예요, 스파이예요?"라고 물었다. 나에
대해 설명하면서 만약 허락한다면. 관찰을 하고 싶지만 그를 판단하러 온 것은
아니라는 걸 보여주려 노력했다.
미샤는 다른 날 오후에 만나자며 약속을 잡았다. 그는 파이 한 조각을 앞에
두고 소비에트 연방 시절의 삶을, 모두가 잘 살며, 아무도 불평하지 않았던 시절을
이야기해줄 것이다.

초대

짹짹짹짹

다음날, 내가 갈랴와 함께 드네프르 강변을 산책할 때 미샤에게서 전화가 왔다.
그는 사격에 관심 있으면 같이 사격장에 가지 않겠냐고 물었다. 나는 깜짝 놀랐다.

여보세요?

네!

?

그에게 소비에트 연방이 사라진 이후, 그리고 붉은 군대가 해체된 이후 무엇이 바뀌었냐고
물은 적이 있었다. 그때 미샤는 지금까지의 삶을 어떻게 접게 되었는지 독특한 화법으로
나를 이해시켰다.

아마도 그가 나를 로빈 후드 사격장으로 초대한 건 내가 사격을 할 줄 아는지 보고 싶었거나

아니면 그저 허풍이었을 것이다. 어쨌든 나는 그 친절한 초대를 거절했다.

다음 날, 좀 더 알아봐야 할 사건이기는 한데, 같은 사격장에서 지방 검사
블라디미르 슈바가 소총에 심장을 맞아 사망했다.
어떻게 '사고로' 소총이 발사될 수 있는지, 하필 기소를 지휘하던 검사의 심장에
맞을 수 있었는지는 의문이다.
게다가 슈바는 무기 전문가이기도 했고(그는 살해 협박을 여러 번 받기도 했다),
그 사격장은 권총 사격장이지 소총 사격장이 아니었다. 또한 사고 후
첫 번째로 들려온 이야기는 그가 자살했을 거라는 소문이었다.
그리고 사건을 들여다 보면, 소총은 사라졌다가 금방 다시 나타나기도 했다.
아무도 믿지 않는 공식적인 진실이 있고, 인터넷을 통해 떠도는 더 그럴 듯한
은밀한 진실이 있다.

간담이 서늘했던 그 일을 떠올려본다. 물론 내가 받았던 초대와 슈바 검사의 피살은
당연히 아무 관련이 없다. 그저 즐겁지 못한 우연일 뿐이다.

율리아 티모셴코[*] 총리는 모스크바로 날아갔다.

그녀는 크렘린궁에서 같은 편인 블라디미르 푸틴[**]을 만날 수 있었다.

둘은 모스크바 서쪽이 직면한 국제적인 위기와 크림반도에 있는 러시아의

해양 핵 요새인 세바스토폴의 군 기지에 대해서 이야기를 나눴다.

이곳에서의 삶은 여전히 가느다란 실에 매달려 있는 듯한 기분이다. 사람들은 이 과도기를
'피의 계절'이라고 부른다.

정부가 무너진다고?
그들은 먼저 선수를
쳐서 새 정부에
위협이 될 수 있는
불편한 사람들을
제거해버렸다.

슈바를 율리아 티모셴코의 편으로
끌어들일 수는 없었어?

응, 슈바는 슈바의 사람이었어.

내가 새로 배운 단어들이다. 체띠레, 4. 가제따, 신문. 차시, 시계.

четыре
체띠레
4

газета
가제따

Часы
차시

АВАРИЯ
사고

АВАРИЯ
사고

АВАРИЯ
사고

АВАРИЯ
사고

*기업인 출신으로 우크라이나 총리를 지낸 여성 정치인   ** 비밀 경찰 조직인 KGB 출신의 러시아 대통령

타인을 위한 도시

또 다른 문제로는 경제 위기가 있었다. 은행들은 휘청거렸고 신용 거래를 철회했기에 많은 사람이 집을 잃었다. 여기저기서 절망의 한숨 소리가 들려왔다. 이것이 경제 위기^(*) 전의 상태였다.

지금은 누구도 자신의 봉급에 대해 확신을 할 수 없는데, 아무 경고 없이 봉급이 줄어들 수 있기 때문이다. 직업이 있는 사람은 행운이었고 그 자리를 지키려고 애썼다. 나는 모스크바에 살고 있는, 아직 미성숙한 남성인 26살의 바냐를 만났다. 피로프라는 화약 공장에서 일하고 있다고 했다. 그는 취해서 계속 웃어댔다.

하하하..., 그에게 전쟁은 화약 폭탄 게임일 뿐이었다.
바냐는 나에게 드네프로페트로프스크^(**)의 맨 얼굴을 본 적이 있냐고 물었다.
그리고 가장 비참하고 가장 허물어진 지역에 대해 넌지시 말했다.

그의 질문은
겉모습으로는 설명할
수 없는 것들을 정확히
알려주는 신호탄이었다.

답은 간단했다. 바냐는 내가 본 아파트들이 우크라이나 사람들을 위한 것이 아니라고 설명했다.
우크라이나인들은 시내에서 한 시간 정도 걸리는 어둡고 널따란 외곽에서 살고 있었다.
부동산 사업은 마피아들이 관리하고 있다고 했다.
모든 부동산을 관리하는 두 파가 가격을 결정하고 수많은 평범한 사람들을 내쫓았다.

---

* 우크라이나는 2008년 심각한 경제 위기를 겪음.   ** 우크라이나 중동부. 드네프르 강의 중류에 있는 주요 도시

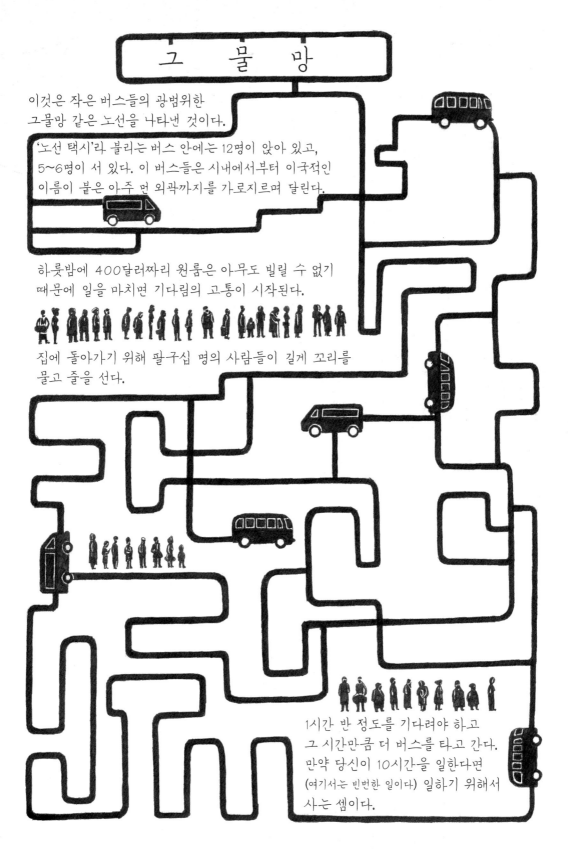

그 물 망

이것은 작은 버스들의 광범위한
그물망 같은 노선을 나타낸 것이다.

'노선 택시'라 불리는 버스 안에는 12명이 앉아 있고,
5~6명이 서 있다. 이 버스들은 시내에서부터 이국적인
이름이 붙은 아주 먼 외곽까지를 가로지르며 달린다.

하룻밤에 400달러짜리 원룸은 아무도 빌릴 수 없기
때문에 일을 마치면 기다림의 고통이 시작된다.

집에 돌아가기 위해 팔구십 명의 사람들이 길게 꼬리를
물고 줄을 선다.

1시간 반 정도를 기다려야 하고
그 시간만큼 더 버스를 타고 간다.
만약 당신이 10시간을 일한다면
(여기서는 빈번한 일이다) 일하기 위해서
사는 셈이다.

아냐에 대한 짧은 이야기

옐레나가 아냐에 대해서 이야기해 주었다. 몇 년 전 여름, 원자력 발전소가
있는 도시 에네르고다르[*]에서 폭우로 인해 밝혀진 일이다.
아냐는 집에 돌아와서 샤워를 하고 집안일을 한 뒤에 잠이 들었다.
잠에서 깨어나 보니 그녀는 거의 대머리가 되어 있었고, 머리카락은 베개
위에 흩어져 있었다. 의사들은 도시 곳곳으로 흩어진 공기와 물 때문에
일어난 일이라고 했다.
아냐는 겨우 30살이었다. 옐레나는 그녀를 더 이상 보지 못했다. 아직
살아 있는지도 모르겠다고 했다.
에네르고다르나 체르노빌[**] 같은 도시의 사람들은 그곳에서
일어난 일에 대해 말하는 것이 금지되었다.

---

* 우크라이나의 산업도시인 자포로제 부근에 있는 도시로 원자력 발전소에서 방사능 유출 사고가 있었음.
** 우크라이나 북부의 도시로, 1986년에 이 도시의 원자력 발전소에서 대형 사고가 일어났음.

소련에서 시작된 비밀유지법은 지금까지 여기저기로 퍼져나갔고,
공산주의 제국의 이 극단적인 제한 사항을 나는 금방 이해했다.

독립이 되든 안 되든, 지역적 이유로 우크라이나인은 종종 러시아인과 같다고 정의된다.
마치 소비에트 연방이 그곳에 뿌리박혀 있는 것처럼, 그것들이 아직도 살아서
고동치는 것처럼.

지우고 싶지 않은 과거의 껍질, 살아남은 이들이 관습과 규칙대로 살고 있는 광대한 영토.

소련의 비밀유지법 아래에 숨겨진 이야기를 듣고 싶어하는 욕망을 약간 긁어주는
것으로도 사람들은 만족할 것이다.

시간을 거슬러 올라와, 베를린 장벽 붕괴 20주년에 나는 우크라이나에 있었다[*].

그 곳 사람들의 이야기를 듣기 위해 귀를 기울였고, 그것을 그리기로 결정했다.
단순하게 말하자면 나 역시 말하지 않고는 견딜 수 없었다.
이 이야기들은 길에서 우연히 만난, '철의 장막'[**]의 품에 갇힌 채 태어나고
살아갈 운명을 가졌던 사람들의 진짜 이야기이다.

* 독일의 베를린을 동베를린과 서베를린으로 나누던 장벽은 1989년에 붕괴됨. 작가가 2009년에 우크라이나에 있었다는 의미임.
** 붕괴되기 전의 소비에트 연방과 서방의 경계를 비유해 일컫던 용어.

세라피마 안드레예프나의 이야기

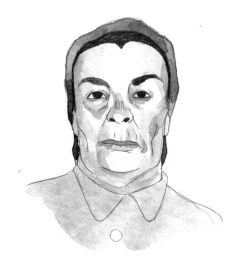

세라피마 안드레예프나를 만났을 때, 그녀는 살고 싶은 욕망도, 기억해내고
싶은 욕망도 그다지 갖고 있지 않았다.

세라피마의 아들인 아나톨리는 봄에는 힘든 일이 많았다면서 어머니가 힘들어
하시는 것을 원하지 않았다.

모두가 제냐라고 부르는 세라피마는 80세였고 자신이 쓸모 있다고 느끼고
싶어 했다.

손자는 나를 소개하며 내가 그녀의 이야기를 듣고 싶어 한다고 말했다.

세라피마는 나를 바라보며 인사했지만 미소를 보이지는 않았다.

그녀는 전혀 웃지 않았는데 이는 나를 점점 불안하게 했다.

"차가 별거 있나요, 그냥 달달한 물일 뿐이죠."라고 말하고는 나에게 뭔가
몸에 더 좋아 보이는 음식을 주었다. 나는 정해진 시간 외에는 점심을 먹는 것이
익숙지 않아서 수줍어하는 티를 내며 "감사하지만 괜찮습니다."라고 말했지만,
그녀가 언짢아하는 것을 보고 마음을 바꿨다.

"난 1928년 5월 4일, 우크라이나 밀라야니브카 지역의 우치스카 지토미르스카야
마을에서 태어났습니다."라고 말하고는 기억이 더 떠오르기를 기다리는 듯했다.

나는 1928년 5월 4일, 우크라이나의 밀라야니브카 지역 우치스카 지토미르스카야 마을에서 태어났어요.

내 아버지 안드레이 피오도로비치는 지토미르스카야 지역에서 1900년에 태어나셨지요.

불쌍한 아버지, 아버지의 삶은 평탄치 않았어요. 아버지의 부모님은 아버지가 어렸을 때 돌아가셨어요.

어머니에 대해서는 알지 못합니다. 나를 낳다가 돌아가셨거든요.

어머니는 갑카라는 옛날식 이름을 가지고 계셨다고 해요.

조심, 조심해

갑카

부모님은 아이 여섯을 두셨는데, 카탸,
나댜, 갈랴, 베냐, 트리톤 그리고 나였지요.

아내를 잃고서 아버지는 다른 아내를
찾으려고 노력하셨어요. 누군가는 아이들을
길러야 했으니까요.

기근^(*)이 닥쳤을 때, 나는 네다섯 살 정도였어요.

우리 가족은 마을 끝자락에 살았었죠.

* 소련 시절에 우크라이나가 1932~1933년에 겪은 대기근으로 수백만 명이 굶어 죽었다고 함.

우리 집은 마을의 다른 집들과 마찬가지로 나무로 뼈대를 세우고 거기에다 진흙과 말똥을 발라서 지었어요. 작고, 매우 더웠죠. 겉은 하얀 석회를 발랐어요.

부잣집은 벽을 꽃무늬로 장식하곤 했지요.

가난한 집은 금방 알아볼 수 있었죠.
집 내부가 어떤 장식도 없이 오래된 가구와 낡은 물건들뿐이었으니까요.

우리 가족은 이미 10월에 기근으로 인한 죽음에 대해 듣기 시작했어요.

때 이른 겨울과 거센 눈보라가 찾아왔어요. 빵은 이미 오래전에 떨어졌죠.

11월과 12월에는 힘든 날들이 계속되었지요.

내일은 좀 더 낫겠지.

물을 좀 데우렴. 배에 뭔가 따뜻한 것을 넣어야겠다.

네, 할머니

죄송해요

괜찮다, 괜찮아.

가을에는 먹고사는 것이 가능했어요. 나와 언니들(언니들은 보통 부잣집에서 일을 도왔어요)은 밭에서 괭이질을 하곤 했죠.

아버지의 두 번째 부인 역시 하녀로 일했는데, 그 일은 고되었어요.

그녀가 번 돈은 몽땅 밀을 사는 데 썼어요. 밀 이삭을 끓여 먹기도 했지요.

빵은 건초를 넣어 만들었는데, '코르치키'라는 도넛을 만들어 먹기도 했어요. 기름 없이 팬에 구워 만들었죠. 그 시절에 누가 기름을 갖고 있었겠어요? 겨울에는 가축 사료로 미트볼을 만들었지요. 남아 있는 다른 재료들보단 그게 더 맛있었거든요.

밤에는 오빠들이 아버지와 함께 야생토끼,
고슴도치 등 뭔가 먹을 만한 것을 사냥하러
갔어요.

고슴도치는 이미 거의 남아 있지 않았죠.
몇년 전부터 근방에서는 사라져 버렸거든요.

먹을 수 있는 건 뭐든지 다 잡아먹었어요.
풀뱀까지도요.

하지만 아버지와 오빠들은 보통 그런 것들은
못 찾고 나무뿌리 몇 개만 찾아오곤 했지요.

얼음과 눈 밑에서 뭔가를 파내기란
쉽지 않지요.

찾아낸 건 보물처럼 들고 집으로 갖고 왔어요.

세리피마는 '점점 기억이 흐릿해지네요.' 하더니
이야기를 더 잇기 전에 마실 걸 따라 주었다.

그 시절에는 암시장에서 말가죽
조금이라도 살 수 있는 사람은
정말 운이 좋은 거였어요.

말가죽을 말려서 얇게 채 썬 다음에

애들에게 줬지요.
몇 시간을 씹어도 없어지지 않았거든요.

배고픔이 사라지진 않았지만,
그래도 뭔가 씹을 수는 있었으니까요.

누구인지 기억은 안 나는데, 어떤 사람이
과일나무의 가지를 달인 물이 맛있다는 것
을 알아내기도 했죠. 특히 살구나무
가지로 만든 게 맛있었어요.

'내 기억이 흐릿해지고 있지만 이것만은 잊지 못해요.' 밀라야니브카에서 멀지 않은 작은 마을에 살적인데, 그 마을에는 판잣집 5~6채가 있었어요.

판잣집 하나에 열 명 정도가 살았지요.

나와 함께 놀던 유라, 미샤, 코스타 같은 아이들도 있었는데 차례로 죽어나갔어요.

일이 일어났을 때 마을 사람 모두가 이미 그 사실을 알고 있었죠. 장례식 같은 건 전혀 없었어요. 판잣집 문은 닫혀 있었고, 잠시 후 굴뚝에서 연기가 나는 것을 볼 수 있었죠.

누군가의 죽음이 다른 이들에게는 희망이 되는 슬픈 세상이었어요.

마을 사이의 짧은 길은 도둑과 살인자들로 들끓었어요. 그곳에서 도랑을 파 진을 치고서는 사람을 기다렸죠.

제냐, 너랑 언니들이 절대 도랑으로 떨어지면 안 돼.

절대로. 알겠니?

네, 할머니

...

2009년 3월 13일에 기록한 내용이다.

쿨라그들

우크라이나는 기근 때문에 생긴 다른 문제들도 많았다.
예를 들어 1922년(*)에는 앞에서 이야기한 문제들과는 전혀 다른 끔찍한 일이 있었다.

이 기근은 인위적으로 만들어낸 것이었는데, 이 사실은 공식적인 문서들에서도
찾아볼 수 있다.
인민의 아버지 이오시프 스탈린의 명령으로 우크라이나의 국경은 닫혔고(**),
주와 주 사이의 이동이 금지되었을 뿐 아니라 수많은 농민이 저장해두었던 밀을
몰수당했다.

* 우크라이나는 1921~1922년과 1932~1933년 두 차례의 대기근(홀로도모르)을 겪었음.
** 우크라이나 대기근 때 소련은 우크라이나 국경 일부를 봉쇄함.

몰로토프^(*)의 명령을 받아,
비밀경찰의 소군대(2만 5천 명)가 움직여
집집마다 체계적으로 징발을 했다.

그 결과는 비참했다.
1932년에서 1933년까지 우크라이나
국민의 4분의 1이 저항하다 죽은 것이다.
이 일을 모스크바에서는
'대(對)쿨라크^(**) 투쟁'이라 불렸다.

* 스탈린의 오른팔이었던 소련 정치가
** 쿨라크는 지주, 부농을 일컫는 러시아어임.

우크라이나의 쿨라크들, 인민의 적.

약 4천2백만 명의 우크라이나 국민 중 80%가 농부이거나 작은 땅의 주인이었다.

이들 대부분은 집단화^(*)에 참여하기를 꺼려했는데, 이런 사람들 모두가
쿨리크라고 불렸다.
쿨리크는 원래 '지주'를 뜻하지만, 암소 두 마리만 있어도 누구든
쿨리크로 간주되었다.

* 소련 시절 스탈린은 토지의 집단화, 국유화를 추진했다.

이오시프 스탈린

레닌이 죽은 뒤 권력을 잡은 스탈린은 거대하지만 낙후된 제국을 물려받았다.
스탈린이 1929년에 야심차게 시작한 첫 번째 5개년 계획은 산업화에 대한 것이었다.
그래서 소비에트 연방은 서방의 기계와 노하우가 필요했다.
이것들을 마련하려고 계획한 것이 바로 우크라이나 밀(*)을 수출하는 것이었다.

그러나 우크라이나 국민들은 크게 동요했다. 오랫동안 자신이 일군 땅에서
농사를 짓던 농민들과 평범한 땅 주인들은 집단화와 개인 소유권 포기에
참여하고 싶지 않았다.
우크라이나는 1918년에 이미 독립을 선언했지만 레닌은 우크라이나를 힘으로
침략하고 정복하기 위해 붉은 군대를 보냈다.(**)

지식인, 작가들과 힘을 합쳐 그들의 의견을 강력하게 피력한 농민들은
소비에트의 식민지가 되는 운명을 거부했다.
"우크라이나에 지고 있어!" 스탈린은 그의 오른팔인 카가노비치(***)에게 말했을 것이고,
스탈린의 손안에 있는 연방이 즉시 회의를 열었다.

* 우크라이나는 곡창 지대로 세계적 밀 생산지였다.
** 1922년까지 우크라이나 독립 세력과 레닌의 볼셰비키 세력 간의 내전 결과, 우크라이나는 소련에 편입되었다.
*** 우크라이나 키예프 출신의 소련 고위 정치가.

이 일은 무력을 동반한 계획으로 정의된다. 이것은 우크라이나를 몰살했을 뿐 아니라 독립을 위한 우크라이나의 움직임을 전멸시키고 정체성을 망가뜨렸다.

라자르 카가노비치

1928년까지 우크라이나 공산당 중앙위원회 제1서기였던 라자르 카가노비치는
이 일을 발판 삼아 소련 전체의 공산당 간부 자리까지 올랐다.

우크라이나 문화는 존재하지 않는다!
문화적, 물질적 말살을 시작하고자 세부적인 것까지 명확한 계획을 세웠다.

이 계획을 실행시키기 위한 결정적인 기구가 바로 죽음과 공포의 씨를
뿌리는 무시무시한 군대인 비밀경찰이었다.
체카는 레닌이 설립했을 때인 1917년부터 새로운 소비에트 정권의
적들과 싸울 목적으로 만들어진 것이다.

* 체카(Cheka)로 불리며, 1917년 러시아 혁명 직후 만들어진 소련의 비밀정보기관.
** 체카가 개편을 거듭한 뒤 만들어진 소련의 최고 비밀정보기관인 국가보안위원회.

1923년부터 국가정치보안부[*]라고 불린
비밀경찰의 대장 뱌체슬라프 멘진스키[**]이다.

뱌체슬라프 멘진스키

* 비밀정보기관인 체카는 국가정치보안부(GPU, 게페우), 연방 국가정치보안부(Ogpu, 오그푸)등으로 이름이 바뀌어 감.
** 귀족 가문 출신으로 러시아 혁명에 가담하고 소련 비밀공안기관의 최고 책임자를 지냄.

우크라이나 지역 비밀경찰 대장인 브세볼로드 발리츠키이다.

브세볼로드 발리츠키

볼셰비키의 수많은 살인

1931년 7월 12일, 우크라이나 소비에트 사회주의 공화국[*]의 합동국가정치보안부
대장인 발리츠키는 그들의 성과를 보고했다.

그것은 바로 합동국가정치보안부가 승인한 계획으로 우크라이나인 쿨라크
가족들을 국외로 추방한 일이었다. 1931년 6월 1일에 시작되어 39일 후인
1931년 7월 9일에 끝났다. 확실히 시간 제한이 있은 듯하다.

* 소련은 1991년 해체될 때까지 우크라이나를 비롯 15개 국의 소비에트 사회주의 공화국의 연방체였음.

이 국외 추방은 이미 1931년 3월부터
진행되고 있었다. 공산주의에 위협이 되는
반혁명 분자들을 조금씩 제거해내는
거대한 수술이라고 할 수 있다.
이 거대한 수술은 1931년의 봄에
약 만 9천 명을 체포하고, 반란을
꿈꾸는 수많은 무장 반혁명 무리들을
제거하는 데 성공했다.
그들 중에 상당수가 우크라이나의
여러 지역에 여러 갈래로 퍼진 조직에
속해 있었다 ('무법자들', '반란군', '우크라이나의 아
들들', '집시', '타오르는 불꽃', '시베리아인' 외에도 많은
조직이 있었다).

드네프로페트로프스크의 지역 합동국가정치보안부 대장의 보고서를 보면
이 지역의 기근에 대한 설명이 들어 있다.

1933년 3월 5일. 마예프스크 지역.

우리 경찰관 중 한명이 호로쉬 마을을 순찰하던 중에 A. V. 멜라츠쿤
집단농장에 속해 있는 한 집을 발견했습니다. 거기서 손이 피로 물든 아이
두 명을 보았다고 합니다.

7살 아이에게 무슨 일인지 질문하자, 방금 막 말을 잡아먹었다고 답했습니다.
그들은 썩어가는 고기 한 조각을 보여주었습니다. 그 가족이 말 사체를 파낸
것을 알았습니다. 다른 14살 아이는 썩은 말의 구운 뼈를 먹은 뒤 끔찍한
복통에 시달리고 있었습니다.

볼쇼이 레페티친스키 지역,

빵이 절대적으로 부족하기 때문에 사람들은 대용품을 사용합니다.
우리는 돌아다닌 지 몇 시간 만에 354건의 (다양한 식물 섭취에 따른) 중독
사례를 기록했습니다.
아이들은 24시간 안에, 어른들은 3~5일 후에 죽음에 이릅니다.
썩고 있는 말, 개, 고양이 등의 동물 고기를 섭취하는 일도 발견되고 있습니다

비소코폴스크 지역,

개나 고양이 고기, 썩은 말고기 등이 보입니다. 고기 1킬로그램당 가격은
약 12루블(러시아 화폐 단위)입니다. 말은 6루블에서 8루블 사이입니다.
지불은 일반적으로 옷이나 카펫 같은 물품으로 지급하는 교환의 방식을 따릅니다.

비소코폴스크와 멜리토폴 지역 끝에서 우리는 식인 행위 두 건을 접수했습니다.
노보프라시스크 지역에서는 인육을 팔려고 일어난 살인 사건 두 건이 보고되었습니다.

비소코폴스크 지역. 2월 16일, 자그라도프카에서 가난한 농부 가족의 12살짜리
아들인 젊은 니콜라이가 죽었습니다. 어머니 F와 이웃인 안나 S는 시신을 조각내
만든 음식을 함께 내놓았습니다. 시신은 몸 대부분이 사라졌습니다.
머리와 발, 어깨 한쪽, 손바닥, 척추, 그리고 갈비뼈 몇 개가 없어졌습니다.
남은 신체 부위는 이즈바(러시아 시골의 둥글고 조그만 집)의 하층토에서 찾아냈습니다.

아이 어머니는 먹을 게 너무나 부족해서 벌인 일이라고 설명했습니다.
그녀에게는 아이 3명이 남아 있지만 전부 굶주림으로 배만 부풀어 있었습니다.
이 가족에게 도움이 시급합니다.

지역부 대장
크라우클리스

1933년 3월 12일,
친애하는 브셰볼로드 아폴로노비치에게. 키예프 지역의 식료품난이 점점 심각한
문제가 되고 있습니다. 우만과 벨라야 체르코프 지역의 사망자 대부분은 기아나
식인 때문입니다.

굶주린 이들은 대개 개인 농장을 가진 농부들이나 콜호스(집단농장)의 구성원들입니다.
마을 주민 상당수가 굶주림에 시달리고 있고, 집단농장 구성원들은 적어도 500일을
일한다[*]는 것을 아실 필요가 있습니다.

* 쉬는 날 없이 하루에 12~16시간 일한다는 의미임.

수많은 마을에서 무덤이 더 이상 없어 죽은 이들을 묻지 못한다고 합니다.
사람들은 시체를 마당이나 얕은 땅에 묻어 놓습니다. 시골 지역의 소비에트
공무원들은 시체들을 모아서 한번에 10~15명씩 불태운 다음 공동 무덤에 묻습니다.

이 시기에 우리는 시신 섭취와 식인 행위 건이 새롭게 일어났음을 보고했습니다.
우리는 매일 10번 이상 경고를 보냅니다. 우리는 식인 행위가 '풍습이 되고 있다'고
말할 수 있습니다. 아이들과 지인을 죽이거나 행인을 살해하는 등의 상습적이고
의심 가는 식인 건을 찾아냈습니다.

마을에서 식인에 대한 욕구는 매일 커져가고, 사람들 사이에서 인육을 먹을 수도 있다는 생각이 강해지고 있습니다. 특히 굶주린 이들과 아이들 사이에서 이런 생각이 퍼져나가고 있습니다.

1월 9일부터 3월 12일까지 우리는 키예프 지역에서 일어난 식인 행위 69건과 시신 섭취 사건 54건을 찾아냈습니다만 실제 일어난 숫자보다는 당연히 적습니다. 우리 인력으로는 모든 사건을 다 조사할 수 없었기 때문입니다.

길에서 보행자들이 굶주림으로 정신을 잃는 경우가 자주 발생합니다.
결국에는 그것으로 인한 범죄가 늘어나고 있습니다.
많은 사람이 가방을 도둑 맞고 있습니다. 가방 안에 음식이 있으리라고 생각하는 거죠.
수가 너무 많아진 민병대는 본래 목적을 잊어버렸습니다.

버려진 아이들이 시골과 도시를 방황하는 일도 점점 늘어나고 있습니다.
아이들의 부모가 자식을 버리는 일이 빈번합니다.

공산주의자에게 인사를 보내며.
로자노프.

니콜라이 바실리예비치의 이야기

내가 드네프로페트로프스크의 시장에서 그를 만났을 때는 우크라이나의
추위를 느낄 수 있는 10월이었다.

그는 쓸쓸한 분위기를 풍기며 초라한 물건들을 팔고 있었다. 양동이 하나,
천 몇 가지, 찻주전자 하나.

몇 사람만이 멈춰서 가격을 물어본 다음에는 그냥 가버리기를 반복했다.

니콜라이 바실리예비치가 장사에 소질이 없다는 것을 깨닫는 데는
그리 긴 시간이 걸리지 않았다.

본인에 대해서 이야기해 줄 수 있냐고 묻자 그는 처음엔 망설였지만
곧 나를 믿기로 결정했다.

나는 잘 풀리지 않는 따분한 실타래처럼 되어버린 한 존재에 대한 이야기를
하나하나 귀 기울여 들었다.

그는 억눌려 있던 이야기를 속 깊은 곳에서 끄집어냈다.

앞으로 이어지는 이야기는 믿을 만한 부분을 글로 옮긴 것이다.

저는 1926년에, 드네프로페트로프스크 지역의 매드갈리나프스키 마을에서 태어났습니다.
아버지는 우리 가족을 버리고 다른 가정을 꾸렸지요.

그 뒤로는 아버지를 만난 적이 없어요.

어머니는 남자들이 하는 일을 하셔야 했죠.
땅에 곡괭이질도 하시곤 했어요.

하지만 어머니는 제가 공부를 하길 원했고
그걸 위해 돈을 모으셨어요.

공부하는 게 재미있니?

네, 엄마!

전 공부하는 것을 좋아했어요. 이것저것 가르
쳐주시던 어머니를 위해서만은 아니었지요.

니콜라이, 얘야,
집은 항상 깨끗하게
정리해둬야 한단다.

내일은 벽을 어떻게
바르는지 보여주마.
알았지?

네, 엄마.

어머니는 요리, 바느질 등 자잘한 집안일부터
닭장을 짓는 것까지 가르쳐주셨어요.

여기 조금 더 위에,
그렇지. 잘했다.

어릴 적부터 필요한 것들을 배울 수 있었지요.
어머니가 일을 하고 매우 늦게 돌아오셨기 때문에 제가 집안일을 도맡아 했거든요.

제가 3살이 채 안 되었을 때,
어머니는 다른 아이를 낳으셨어요.

그리고 그때 어머니가 만나던 남자도
첫 번째 남편처럼 짐을 싸서 떠나버렸어요

혼자서는 두 아이를 키울 수 없었기 때문에

새로 태어난 아기는 고아원에 맡길 수밖에
없었어요.

결혼하기 전까지 저는 내내 어머니와 함께 살았어요.

어머니와 마찬가지로 제 결혼생활도 행복하지 않았죠.

학교는 7학년까지만 마칠 수 있었어요. 창문이 열려 있던 수업 광경이 아직도 기억나요.

VROOM VROOM
우르르릉

시간이 잠시 흐르고...

너네 봤어? 사이드카야!

저 사람들은 누구지?

독일인들이야.

우리가 마을로 돌아오는데 나치들이 다리를 끊어버렸어요!

BDOUM
꽈광

모두들 도망쳤지요...

우리는 사람들이 중앙 광장에 모여 있는 것을 봤어요.

전 학년 학생들이 모여 있었는데, 어린 학생들은 겁에 질려 울고 있었어요.

독일인들이 우리를 때렸어요.

점령기(*)는 끔찍했어요.

다음날 장교 한명이 예쁜 집 하나를 선택했고, 그곳에 살던 사람들을 내쫓았어요.

* 제2차 세계대전 때 우크라이나는 1941~1944년에 나치 독일에 점령당함.

새로운 규칙들이 생겼죠. 누구든 나치를
위해 일해야 하고, 나치가 모든 것을 결정하고,
나치가 원하는 것은 바쳐야 하는 규칙이지요.

힘센 남자들은 징집되었고,
나치가 여자들을 골랐어요.

밭에서 일해라!

노인들도 일하도록 강요받았고

저 같은 소년들에게도 힘든 일을 시켰어요.

우리를 집에서 멀리 떨어진 곳으로 데려가
매우 크고 깊은 구덩이를 파게 했어요.

우리가 밤낮으로 일했는데도, 아프거나
몸이 좋지 않으면 우리를 때렸어요.

그러고 더 이상 먹을 것을 주지 않았죠.

그 후 하는 일이 바뀌어, 기다란 강철을 걸어서 옮겨야 했어요.

철길이었죠. 독일인들은 기찻길을 만들고 있었던 거예요.

저녁에 집에 돌아가면 어머니는 제 등에 늘 피가 흐르는 것을 보고는 우셨어요.

일할 수 없는 사람들 집은 불태워졌어요.

사람들은 할 수만 있다면 도망가거나 숨었지요. 저녁까지 늪 속에 숨어 있다 움직였어요.

1945년부터 1947년까지는 13살의 어린 아이들도 일을 시킬 수 있는 법이 있었어요.

저는 보일러실에서 일했고, 일의 세세한 부분까지 배우게 되었어요.

삶은 점점 나아졌고, 원하는 것을 살 수 있는 가능성이 자라났죠.

안녕하세요.

안녕하세요.

저는 매우 잘 교육받은 여성을 알게 되었어요. 딸이 하나 있는 이혼녀였어요.

당신도 연유를 좋아하시나요?

그럼요!

그녀는 교수였고, 저는 곧 그녀의 집에서 같이 살게 되었죠.

그 마을은 드네프로페트로프스크 지역에 있었어요.

그리고 저는 콜호스에서 일을 시작했어요.

그때 저는 수의사였거든요

전 돼지들을 돌봤는데,
돼지들에 대해서는 빠삭했죠.

어떻게 성장하는지, 출산하는지, 어떤 것이
이 동물들을 아프게 하는지 등을요.

스탈린 시절에는 매년 3백 리터의 우유와 50킬로그램의 고기,
3백 개의 달걀을 모두가 콜호스에 내야만 했어요.
몇 명이 사는지에 상관없이 모든 가구가 위에 말한 양을 똑같이 생산해내야만 했어요.
저는 아내와 같이 살고 있어서 가능할 법한 양이었지만,
어머니는 혼자 사셨기에 아무리 열심히 일해도 절대 그 정도 양을 생산해
낼 수 없었지요.
그건 악몽이자 어머니에게는 커다란 근심거리였어요. 저도 잠을 이루지 못했죠.

1953년에 스탈린이 죽자 갑자기 모든 것이 바뀌었어요.

다시 숨쉴 만해졌고, 공부도 할 수 있게 되었어요. 사람들은 평범하게 성장하고 행동할 수 있게 되었고, 먹고살 수도 있었지요.

빵은 좋은 장사 물품이었어요. 원하는 만큼 살 수 있었죠.

양복의 경우는 그렇지 않았어요. 진열된 옷들은 항상 매우 비쌌거든요. 사람들은 너덜너덜해진 옷을 입고 다녔지요.

우리는 보통 잘 지낸다는 말을 하기를 꺼려했어요. M과 만나 5년 뒤에 우리는 아나스타샤를 낳았지요.

그러나 몸이 약했던 아나스타샤는 13달이 채 되기 전에 죽었어요.

* 농노제를 배경으로 한 고골의 장편소설

그 다음해에는 니키타를 낳았지만
그애 역시 금방 죽어버렸어요.

이건 저주야!

저주라고!!

상황이 이렇게 흘러가자, 제 장모는 저를
드러내놓고 싫어하셨죠.

난 한번도 자네를
좋아한 적이 없네.
자네 피가 섞인 손자
따윈 원치 않아!

내 딸을 가만히
놔두게.

이제 다른
가정을 찾아보는 게
좋을걸세.

내 말 이해
하겠나?

저는 이해했어요.

결혼 생활은 얼마 굴러가지 못했지요...

니콜라이
바실리예비치 씨!

잘
지내시죠?

안 보이신 지
좀 되었네요.

전부
괜찮아요.

감사해요.

좀 바빴어요.

그녀는 다른 남자를 찾았지요.

당신도...
체호프를?

그럼요.

〈검은 수사〉*
군요. 멋진 작품이죠.

맞아요.

* 안톤 체호프의 미스터리 단편소설

저는 어머니 집으로 돌아갔고,
그 마을에서 N을 만났어요.

반갑습니다,
니콜라이예요.

반가워요,
나타샤입니다.

그녀는 M과 마찬가지로 이혼 경력이
있었지만 아이는 없었죠. 그 시기에는
드문 일이었어요

보르시치 수프를
준비했어요. 오늘
저녁에 올 거예요?

그래요. 일
끝나면 오리다.

얼마 후, 우리는 동거를 시작했어요.

그거 알아요? 당신과
있으면 지금까지 느껴
보지 못한 기분이 든다오.

지금까지
당신을 진심으로
사랑한 사람이
없었나봐요.

모든 것이 잘 흘러가는 듯했고,
그녀는 쌍둥이를 낳았어요.

행복하오?

많이요.

그렇지만 시간이 흐르자...

잠깐만요, 내가
다시 전화할게요.

쓰라림이 찾아왔죠.

아, 당신 왔군요!

누구였어?

아무도
아니에요.

그녀의 배신은 계속되었고, 나중에는 숨길 수도 없게 되었어요.

내 얼굴에 그것들을 들이밀며 말했지요.

그래요, 그래서 어쩔 건데요?

그때는 어머니가 돌아가신 해이기도 해서 전 매우 불행했죠.

이 집...

얼마나 추억이 많은지.

지금은 비어버렸 구나.

참을 수가 없어.

만약 이웃 중 누군가 관심이 있다면

이 집을 팔려고 내놨다고 해 주세요.

어머니 집을 판돈으로 여행 떠날 준비를 했어요.

어디로 가려고요?

먼 곳

이런 생활은 견딜 수가 없소.

잘 있으시오.

제가 '잘 있으시오'라고 했던가요?
제 안에는 확실한 것이 아무것도 없었어요.
전 그냥 멀리 떠나고 싶을 뿐이었죠.

이제서야 마침내 흑백텔레비전, 새로 나온
값비싼 물건들을 살 수 있게 되었죠!

예쁘고 럭셔리한 주방 가구,
벽에 걸 태피스트리.

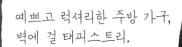

그래, 하지만...

이런 삶에서 내가
뭘 할 수 있다는
거지?

그런 안락함과 함께 예전의 생활로
돌아가기를 희망했어요

뭐, 선물은
고마워요.

근데 뭐 하러 여기
다시 왔어요?

나는...

그러나 그건
환상이었을 뿐,
이미 끝난
일이었죠.

아니, 아마 시작되지도
않았던 일일지 몰라요.

이미 확실히 했다고
생각하는데요, 니콜라이.

날 기분 나쁘게 하려는 게
아니라면 그저 웃길
뿐이에요.

내 인생에서
사라져요!

그때부터 전 제 아이들도 다시 보지 못했죠.

코진스키 동무, 나 니콜라이 바실리예비치라네. 머물 곳이 필요한데, 친구. 그리고 궁금한 게....

이해해, 이해한다네.

아니, 괜찮아

실례했네, 동무

전 어디로 가야할지 몰랐어요.

이렇게 문 앞에다 놓아주세요. 나머지는 전부 치웠어요.

흠 흠

옷들만 안에 남아 있어요.

제가 필요한 건...

오랫동안 저는 한 노인 부부 집에서 같이 살았죠.

안녕하세요, 알렉산드라 율리프나 씨. 흐으.. 밖이 다 언 거 아세요?

알지, 알지. 오늘은 어땠나?

좋아요, 네. 좋아요.

내가 수프 좀 데우겠네.

막달리나프스키 지역의 월세 방. 월세? 만약 내가 프롤레타리아 계급이라면!

오이가 맛있겠군!

그런데 너무 비싸!

안 되겠군...

사는 건 그만 둬야겠어.

제가 노력하고 있다는 소문을 냈어요.

FZZzzzzz
지지지지

어려운 시기였어요.
전 다른 일을 시작했어요.
대장장이로 일하면서 빵을 살 돈을 벌었죠.

미래의 아파트를 꿈꾸면서
매달 조금씩 저축했어요.

그리고 제 아이들과 함께 살기를 희망했죠.

여기 초콜릿을 가져왔...

됐어요!

여기서 뭐하는 거예요?

가버려요!

돈과 선물을 들고 여러 번 아이들을 찾아 갔지만 그녀는 딱 맞춰서 저를 방해하고 전부 망쳐놨지요.

제발 부탁이야.

우리를 가만히 내버려둬요.

그녀는 다른 남편을 찾았는데 어찌 그녀를 탓할 수 있었겠어요?

엄마, 그 사람 누구예요?

벌레란다.

그녀는 저를 지웠고, 잊어버렸어요.
아니, 애초에 그녀에게 제가 존재했는지도 모르겠네요.

몇 년 뒤에 저는 일층짜리 작은 집 하나를 마련할 수 있었어요. 튼튼한 집이었죠!

그래, 여기에
밭을 만들자.

그리고 44살에 건강에 심각한 문제가 생겼어요.

2단계 장애입니다.

하지만,
의사 선생님!

가세요,
바실리예비치 씨.

제 몸이 안 좋다는 걸 저도 알았기 때문에 검사를 해볼 필요도 없었어요.

저는 약해져 있었고, 일하기도 힘들어졌죠.

식사하셨어요,
니콜라이
바실리예비치 씨?

너무 창백한데요.

앉으세요.

제가 당신 근무를
마무리할게요.

집에 가려던 거
아니었나요?

상관없어요.

제 삶은 불확실해졌어요.

잘 가게, 니콜라이 바실리예비치.

다 낫게 되면 돌아오게나.

여기가 자네 집이야.

확실해.

모두가 다시 돌아오라고 했지만, 불가능했어요.

제 어머니가 항상 그랬던 것처럼 제 밭을 일구기 시작했어요.

집을 고치고 가스등이 들어오게 했어요. 그 다음 의자, 식탁, 좋은 침대 등을 만들었지요.

포-푸 포-푸♬ 여기 모스크바의 라디오는 주요 뉴스 하나로 수신이 엉망이 됐어요.
오랫동안 병과 맞서 싸우던 동지 하나가 이 날 죽음을 맞이했어요.

유리 블라디미로비치 안드로포프[*] 대통령 사망... 나라 전체가 슬픔에 빠졌습니다. 장례식은 계속될 것이며...

몇 년이 흐르고...

대통령 동지들은 여러 번 바뀌었고...

저는 점점 쇠약해져 갔어요.

* 1982년 브레즈네프가 죽은 뒤 소련 최고 지도자가 되었지만 이듬해 병으로 물러났고 1984년에 사망함.

안 좋은 환경에서 너무 오래 일한 거죠.

영양이 부족해서는 아니었어요.

1984년부터 6년 동안 저는 서서히
마비되어 갔어요. 의사들이 제게 경고했죠...

의사들이 뭘 할 수 있었겠어요?

바실리예비치 씨, 이제 당신
몸은 굳어버렸어요.
조심하세요. 너무 행운을
바라지는 마시고요.

안 그러면 돌아가실 거예요!

팔과 오른쪽 다리가 마비되었고,
말하는 법도 잊었어요.

약을 살 돈도 없었죠.

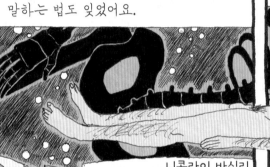

니콜라이 바실리

예비치의 무기력

제 삶은 끝난 것과 마찬가지였어요.

일을 하는 것은 불가능했지요.

제 두 번째 부인과 아이들에게 도움을
요청하는 편지를 보냈어요.

제 친구들이 나중에 아이들과 이야기해보러
찾아갔지만 문을 열어주지 않았다고 해요.

그들은 답장하지 않았죠.

우리는 니콜라이 바실리예
비치 씨를 모릅니다. 우린
다른 아버지가 있어요!

우린 아무 것도
할 수 없어요.
안녕히 가세요.

저를 알던 이웃들은 제가 천 쪼가리만 걸치기 시작하고 나서부터 제 일을 대가 없이 대신 처리해주곤 했죠. 처방전 없이도 다들 약을 살 수 있었거든요.

니콜라이
바실리예비치.

들어가도 될까요?

의사는 비용이 많이 들어서 더 이상 부를 수 없었어요. 종종 이웃이 음식을 들고 찾아와줬죠.

니콜라이 바실리예비치 씨,
오늘은 좀 어떠세요?

좋...아요.

음식도 없이 누워 있을때면 이런 생각이 들었어요.

내일이면
난 죽을 거야.

그리고 눈을 뜨면 항상 같은 곳이었어요. 신이 아직은 제가 죽는 것을 원하지 않는다는 걸 느꼈죠.

그 긴 6년 동안, 저는 개나 다름없었어요.

ЧЕЛОВЕК

사람

밤낮을 네 발로 기어다녔으니까요.

СОБАКА

개

물 때문에......

물을 마시기 위해 이빨로 물통을 물고
우물까지 기어갔다 왔어요.

누구의 도움도 없이 밭까지 갔지요.
개처럼 네 발로 걷자니 빨리 지치더군요.

저는 땅이 베풀어준 감자, 토마토,
체리 등을 얻을 수 있었어요.

그리고 매일같이 연습하기 시작했어요.

스스로를 포기하면
안 돼...안 돼...

안 돼.

조금씩 말을 되찾기 시작했죠.

내... 이름....은 니이
콜...라이 바아실리
예....비치.

그리고 조금씩...

움직일 수 있게 되었어요.

건강과 함께 희망도 돌아왔죠.

예전같이 대장장이로

일하고

싶다네.

정말?

친구들의 침묵을 느끼고
제게는 희망이 없다는 것을 깨달았어요.

알아, 누가 나 같은 사람을 쓰겠어...
살아 있는 게 기적이지.
가까스로 살아났는 걸...

······

얼마 뒤 저는 일하겠다는 생각을 포기했어요.

그 후 경제 위기가 닥쳤고, 물, 가스, 전기세와 음식 값까지 치솟기 시작했어요.
전 아무것도 할 수 없었죠. 연금으로는 날아오는 고지서조차도 감당할 수 없었어요.
야채를 팔아보기도 했지만 여름과 가을만 잘되고, 겨울에는 영 힘들었어요.
하지만 저는 불평하지 않았죠. 어쨌거나 꼭 필요한 집과 밭을 저는 갖고
있었으니까요.
먹을 것과 잘 곳이 있었고, 비록 아무도 믿어주진 않았지만
제 스스로에게는 아직 일할 수 있다는 걸 보여주고 있었지요.
그 시기 즈음 불면증이 시작됐어요. 제 인생에 대한 이런저런 생각들이 들었죠.

제 코 아래에서 거울처럼 비치는 환영을 보았어요.

내 아이들...과거에는 있었지.

지금쯤 가정을 꾸렸을 거야.

제가 약해진 것 같았어요.

큰 걸 부탁하진 않으마. 너희와 함께 사는 걸로도 충분해. 그냥 곁에만 있게 해다오.

부담스럽게 하진 않으마.

나..난 일하는 것도 좋아하고.

아이들이 절 받아주기만 해도 충분했는데...

우리는 당신이 필요 없어요.

우리 주소를 잊어주세요!

친구도 한 명 남지 않았어요.

그리고 그때쯤 일이 벌어졌죠.

실례합니다. 사람들이 당신께 물어보라던데요.

방 하나를 구하고 있습니다.

그 남자는 동우크라이나 출신으로, 드네프로페트로프스크에 직업을 가지고 있었죠.

아니면 제게 당신 집을 월세로 내주실 수 있는지요? 당신은 친척집에 계실 수도 있잖아요.

아니, 아니에요. 전 가족이 없어요.

하지만, 아마도... 생각 좀 해볼게요.

그래요?

저는 그 제안을 받아들였어요. 돈을 바라진 않았고, 그저 외로움을 좀 달래볼까 했지요.

제가 순진했던 거지요.

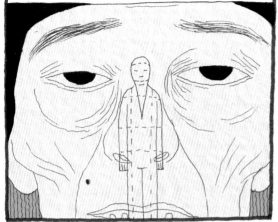

다음 날 미샤는 그의 짐을 전부 가져왔어요.

옷들이 정말 멋지 군요.

일할 때 쓰는 거예요.

저는 탄도기술자 거든요.

초반에는 이 동거가 잘 굴러가긴 했어요. 미샤는 친절하고 말도 잘 통하는 모습을 보여주었지요.

아.. 요리하고 계세요?

저기, 제가 펠메니(*)를 가져왔어요

저는 미샤를 알게 되어 기뻤고, 완벽한 친구를 찾았다고 생각했어요. 더 이상 외롭지 않았죠.

그거 아나? 내 큰아들도 기술을 배우고 있다네.

아이들이 그리우신가요?

그래, 무척...

그러나 몇 달이 지나자 그는 무례하고 오만해졌어요.

여기서 꺼져. 널 보면 속이 뒤집혀.

이 쓸모없는 늙은이!

여기서 나가!

* 러시아식 고기 만두

미샤가 공증인을 찾아갔다는 소문이 돌았어요. 유산 문제가 있어 집을 맡게 됐다고 했다더군요.

믿고 싶지 않았지만 상황은 더 나빠졌어요. 저는 하인이자 제 집에서 초대받지 못한 손님이었죠.

어느 날 저녁, 미샤가 취해서는 이야기를 꺼냈어요.

그래, 너!

네 짐을 챙기는 데 이틀을 주지.

벌써 집문서는 바꿨어. 넌 아무것도 못해.

넌 아웃이야.

히히히

그래서...

안녕하세요, 아가씨,

카르민스키 변호사님과 약속을 잡았는데요.

여기서 기다리세요.

미샤가 사실을 말했다는 것을 알아냈죠. 신이시여, 다시 서류를 돌려놓기 위해서는 두 달치 연금으로도 모자랐어요.

두 달!

어디다 뒀지?

아, 여기 있다.

여권

미샤가 저를 죽이거나 다치게 할까봐 겁이 났어요. 그래서 그의 여권을 숨겨두었죠.

만약 내게 무슨 일이 생길 것을 대비해서 친구들에게 편지를 맡겨뒀어.

친구들이 경찰에 금방 신고할 거야.

그리고 네 서류들도 만일을 위해 내가 갖고 있지.

미샤는 겁을 먹고는 절 내버려두었지요.

두 달 후에 집 소유권이 돌아왔고 저는 경찰에 그를 신고했어요.

지옥에나 떨어져버려라.

빌어먹을 늙은이!

저는 다시 혼자가 되었고 쇠약해져 갔어요. 건강은 점점 나빠졌죠.

어느 날, 정신을 잃었는지 일어나보니 병원이었죠.

여기가 어디죠?

병원이에요.

선종이 있군요.

수술을 하셔야 합니다.

자식들에게 돈을 요청해보았지만 소용 없었어요. 의사들이 절 믿고 수술해주었죠. 제 연금 전부를 지불했어요.

여기 서명하세요, 니콜라이 바실리예비치 씨!

여기요, 좋아요.

착한 이웃들에게 소문이 퍼졌는지
사람들이 절 찾아와주곤 했어요.

니콜라이
바실리예비치 씨,
오늘은 좀
어떠세요?

안색이 안
좋아 보이네요.
당신 드리려고

블린*을
만들어
봤어요.

제게 음식을 가져다주곤 했지만 몸은
좋아지지 않았어요.

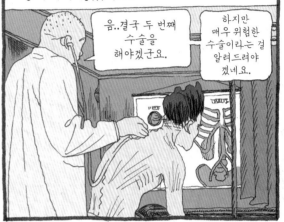

음..결국 두 번째
수술을
해야겠군요.

하지만
매우 위험한
수술이라는 걸
알려드려야
겠네요.

끝나지 않을 것 같던 그 회복기 동안에
제 침대 곁에 찾아오던 한 남자를 만나게
되었어요.

저도 고골을
좋아해요. 대단한
작가죠.

맞아요.

수다를 떨다가 곧 우리는 친구가
되었습니다.

좋은 아침이야.
좀 어때?

내가 훈제
생선을 가져왔어.

이봐, 니콜라이
바실리예비치,
시간이 별로 없어.
넌 점점 약해지고 있어.

내가 생각해봤는데

우리 집에 잠깐 와
있는 게 어때?

아무리 봐도 자네는
혼자 못 지내.
여기에 계속 머무를
수도 없고.

* 러시아식 팬케이크

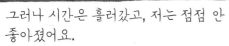
그러나 시간은 흘러갔고, 저는 점점 안 좋아졌어요.

우리, 다른 병원에 가서 수술이 잘못 됐는지 알아보자고.

안 됩니다. 죄송해요. 너무 위험합니다.

세 번째 병원에서야 긴 망설임 끝에...

좋아요, 4일 뒤에 수술합시다.

수술비는 누가 지불하실 건가요?

왜 그래, 기쁘지 않아? 좋은 소식이잖아!

좋아.

그래, 기쁘지.

난 단지...

두려워......

두려움......

내가 어디 있는 거지?

내 집이라네.

몸은 어떤가?

감각이 없어.

배고픈가?

좀 고프군.

좋아, 내가 막 플로브*를 만들었다네. 먹어보겠나?

아주 좋지.

그 다음 달까지 전 그의 집에서 머물렀어요. 그는 관대하고 좋은 사람이었죠.

나치들은 우리를 말보다 더 막 대했지. 눈속에서 발가벗겨진 채 일하고... 다 기억난다네...

집에 돌아온 뒤 저는 일상을 되찾으려고 노력했어요. 전부 잘 돌아가는 듯했는데, 어느 날...

안드리 유리예비치에게서 온 편지구나.

친애하는 니콜라이 바실리예비치에게. 우리가 함께했던 이야기들이 그립다네, 나무와 땅, 어린 시절의 기억들을 이야기했지...

ДОРОГОЙ НИКОЛАЙ БА

Я СКУЧАЮ ПО НАШЕМУ

РАЗГОВОРУ ВОЗЛЕ КАМИ

나는 자파로제**에 있어. 암에 걸렸다네, 친구. 내 여동생 나탈랴 집에서 신세 지고 있지.

내 걱정은 말게나. 잘 버티고 있어.

답장해주게.

안드리 유리예비치가.

* 우즈베키스탄의 전통음식으로 소고기 볶음밥과 비슷함.　　** 우크라이나 드네프르 강 하류에 있는 도시

우리는 편지를 주고받기 시작했어요.
그런데 시간이 지나면서 답장이 뜸해졌어요.
결국 어느 날...

친애하는 니콜라이 바실리예비치 씨에게. 오빠는 당신 이야기를 정말 많이 했어요. 당신들의 우정이 얼마나 깊었는지 압니다. 가장 힘들었던 최근에 당신의 존재가 오빠에게 얼마나 큰 위안이 되었는지도요. 불행하게도...

죽다니!

전 인생의 친구를 잃었죠.

이 사건 이후에 전 인생에 대해
다른 방식으로 생각하기 시작했어요.
삶을 다시 사랑하게 된 거죠.

간단해.

나쁜 일이 있으면 좋은 일도 오는 거야.

뭐든 좋은 점이 있는 거야.

이제 튤립을
심어볼까.

꽃과 야채. 저는 마을에서 가장 예쁜
정원을 갖고 있죠.

아직 캄캄할 때 잠에서 깬 저는
과일나무와 꽃들에게 인사합니다.

제가 살날이 얼마 남지 않은 것을 압니다. 제가 없어져도 아무도 절 기억하지 못하겠죠.

누구? 니콜라이 바실리예비치?

별 거 아니야.

먼지 같은 존재지.

다음 주에 저는 안과 의사에게 갈 거예요.

이제 거의 보이지 않거든요.

하지만 어떻게 돈을 내죠?

전날 밤에 꿈을 꿨어요.
하늘 위 구름 위에 있는 저를 보았죠.
전 날개는 없었지만 안경을 쓰고 있었어요.

그래서 전 여기 드네프로페트로프스크의 벼룩시장에 나와 제가 좋아했던 물건들을 팔고 있네요.

이제 저에게는 필요 없는 것들이니까요.

지시에 따라서...

합동국가정치보안부의 지시에 따라, 쿨라크들의 방황을 막기 위한 조치로
국외 추방 작전 전에 가장들과 힘센 남자들을 체포했다.
전부 3만5천 명이 넘었다.

이 작전을 실행할 때, 조심스럽게 계층을 나눠 엄격한 관리 아래서 사람들을
이송하도록 모든 조치를 취했다. 그럼에도 불구하고 기초적인 몇 가지 시스템에서
상당수 자료가 빠져나간 것으로 밝혀졌다.
엄격한 이송에도 불구하고 시골 혁명가들뿐 아니라 가끔은 보통 농민들,
드물게는 가난한 농부들, 게다가 집단농장에서 일하는 일꾼까지도 체포되었다.

국가 재정 서류를 기초로 해서 쿨라크 가족들을 없애려 했다는 것이 뚜렷해졌고, 시골의 소비에트가 상당수 농민들에게 경제적, 사회적 위치에 대한 부정확한 정보를 적용하는 바람에 불필요한 희생이 있었다는 것이 널리 알려졌다.

이런 불필요한 희생은 재산을 단순하게 총합해서 체포했기 때문이다.

시행된 조치와 장소를 보면, 우크라이나 쿨라크 가족들의 국외 추방은 큰 성공을
거뒀다고 할 수 있다.

150가구 이상의 쿨라크들이 가족과 떨어져 말과 농기구를 끌고 호송되었다.

계획은 3만 가구를 추방하는 것이었으나 131,400명을 추방하게 되었다.
계획보다 1,655가구를 더 추방한 것이다.

국외 추방자들은 남성 46,787명, 여성 38,764명, 아이들 45,858명으로
131,409명에 달했다.

우리는 이미 이상한 사건들과 굶주림으로 죽는 사람들의 숫자가 늘어나고 있다는 것을 알았다. 이 같은 죽음의 원인은 의학 검사와 지역 공무원들이 주관한 부검으로 확실해졌다.

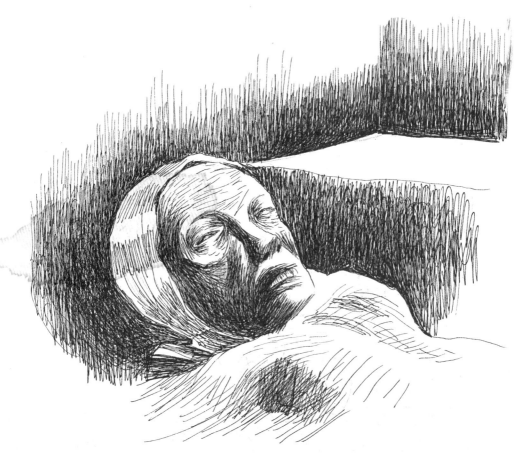

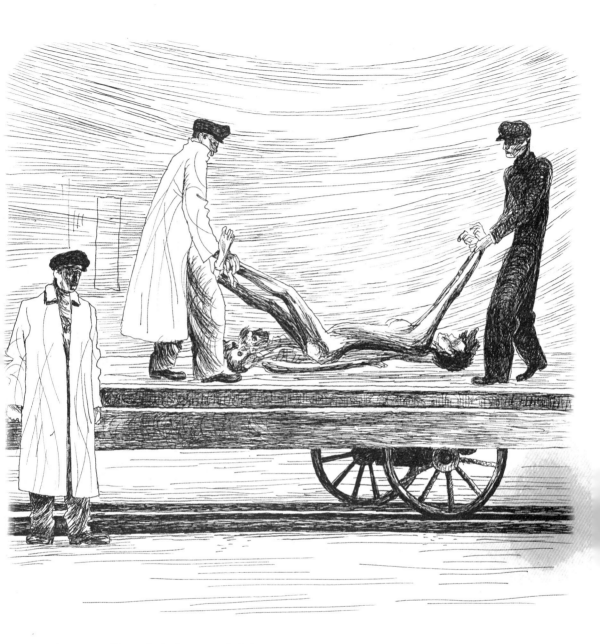

기근으로 죽은 사람이 1,700명인데,
노보 바실리예비치 지역에서는 굶주림으로 인한 다양한 질병이 발생했다.
사체 부검을 실시했더니 몸무게가 줄고 전형적인 부종이 생긴 것 외에도
영양이 전체적으로 부족해 위, 대장과 방광이 녹은 것이 보인다.
또한 사람들이 굶주림으로 사망했다는 가장 확실한 증거는
시체와 다를 바 없이 심각한 상태에 놓인 생존자의 증언이었다.

모든 주요 도시에서 농업 집단화 계획에 대한 반대가 있었다.
하지만 그들은 전쟁 포로 취급을 받았고, 강제로 기차에 태워져 추방당했다.
이 추방 방식은 1923년처럼 부작용을 낳았다.
공무원들이 너무 열성적이 되어 버린 것이다.

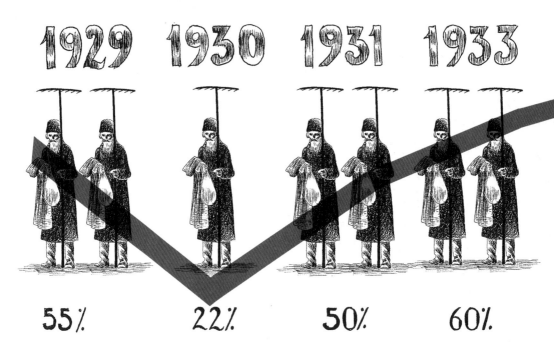

라잔(러시아 모스크바 동남쪽의 도시)에서 반란이 일어난 뒤, '붉은 군대'의 지휘관들은
농민들을 군대로 제압하는 것이 좋은 방법은 아니라고 생각했다.
스탈린은 천천히 가기로 결정했다. 농업 집단화 비율은 55%에서 22%로 떨어졌다.

그러나 이것은 단지 전술적인 움직임이었다.

1931년 중반에 농업 집단화는 부드럽지만 더 치밀한 방식으로 부활했다.

집단화 비율이 90%에 이르렀던 1936년에 농업 집단화는 사실상 완료되었다고 할 수 있다.

농촌 소비에트 지역에서는 1928년에 5~6백만 명이던 쿨라크들이 1934년에 14만 9천명으로 줄었다고 알려졌다. 그러나 쿨라크들은 집단농장에 수용할 수도 없고, 도와주는 것도 금지되었기 때문에 버려진 550만 명의 운명은 어찌 되었겠는가?

1930년대 전후에 사용된 쿨라크 가면들

월터 듀란티는 미국 뉴욕 타임즈가 모스크바로 파견한 특파원이었다.
그가 진행한 스탈린의 인터뷰는 소비에트의 힘으로 유명해졌고
듀란티는 그것을 고국에 널리 퍼뜨려 서양에서도 독재자의 인격을
찬양하도록 만들었다.
1932년에 다음의 내용으로 특파원으로서 풀리처 상을 받았다.

월터 듀란티

BIG UKRAINE CROP
TAXES HARVESTERS

Talk of Famine Now it Called
Ridicolous After Auto Trip
Through Heart of Region

PEOPLE WELL NOURISHED

우크라이나의 대풍년이 농민들을 시험대에 올렸다.
지금 기근에 대해 이야기하는 것은 우습다.
우크라이나의 중심지를 차로 여행해 본다면 사람들의 영양 상태가
양호하다는 것을 더 확실히 알 수 있다.

149,000

1934

쿨라크 수가 줄어든 것을 나타낸 그림임.

이 그림들은 쿨라크들의 반사회적인 행동을 보여줄 목적으로
1930년에 선전 사무소에서 사용한 것이다.

합동국가정치보안부 요원들이 찾는 밀을 쿨라크들은 땅에 파놓은 구덩이들에 숨기고,
심지어 무덤에도 숨긴다. 그러나 이렇게 숨긴 것들은 나중에 썩게 된다.

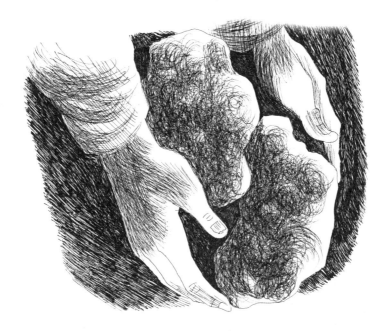

이런 범죄를 저질렀다고 판정받은 쿨라크들은 엄격한 형벌에 처해졌다.
그들의 집과 생필품들은 불태워졌다.

이런 선전에 지나치게 빠져든 소년 파블리크 모조로프가 그의 친아버지를
쿨라크로 고발해서 친족들에게 살해되었다는 실화는 유명하다.

마리아 이바노프나의 이야기

11월의 이맘때는 춥다. 내가 그녀를 처음 보았을 때, 그녀는 그곳,
드네프로페트로프크스의 커다란 상업지구인 모스트시티 근처에 있었다.
그녀는 앞에 그물망을 놓고 가능해 보이는 사람에게 코페이카(*)를 청했지만
아무도 멈춰 서지 않았다.
자그마한 체구의 여성이지만 참을성 있게 기다리는 모습이나, 영하 20도의
강한 바람을 견뎌내는 것을 보니 마리아 이바노프나가 철의 의지를 가졌다는 것을
느낄 수 있었다.
시간이 흐르고, 계절이 바뀌었다.
몇 번 시장에 찾아가 그녀를 만나 인사했는데, 그리브나(**) 얼마간을 주면
그녀는 감사의 표시로 미소를 지었다. 가끔 먼발치에서 그녀를 보노라면 그녀는
생각에 잠긴 듯한 눈을 하고 있었다.
거의 일 년이 지났을 때 용기를 내서 그녀의 나이를 물어보았다.
"84, 84살이에요. 가끔 이렇게 늙었다는 데에 나도 깜짝 놀라요."
떠나기 전날, 나는 그녀의 이야기를 듣고 싶다고 그녀를 식사에 초대했다.
그녀는 6시 반에 데리러 와달라고 딸에게 허락을 받아야 한다고 했다.
"따님은 무슨 일을 하나요?" 내가 물었다.
"그 애는 일하지 않아요."
나는 당황했지만 이런 순간에는 남을 판단하지 않고 들어야 한다는 것을 배웠다.

---

* 우크라이나 화폐 단위로 100코페이카는 1그리브나에 해당함.　　**우크라이나의 기본 화폐 단위

저는 1925년 7월 30일에 마그달리노브카 마을에서 태어났어요. 드네프로페트로프스크 주의 프리가라츠코이 지역에 있는 마을이지요. 우리 가족은 7명으로 대가족이었어요. 저와 갈랴, 그리고 예프로시냐, 이렇게 딸이 셋이고, 남자 형제는 안톤과 샤샤 둘이었어요.

우리는 가난했어요. 부모님은 집단농장에서 일하셨죠. 클레보로프 출신인 아버지는 밀을 경작하셨어요.

어머니는 주로 제빵 일을 했는데, 시간이 지나면서 읽을 줄도 아시고, 셈도 하실 수 있게 되었어요.

그래서 콜호스의 회계를 맡게 되셨답니다. 정말 좋은 자리였어요!

너희, 오늘 공부는 했니?

잘했니?

네, 아빠.

아버지는 교육을 제대로 받지 못했기 때문에 읽을 줄도 쓸 줄도 모르셨어요.

하지만 부모님은 자식들 교육에 관심이 많아서 우리들을 매일 학교에 보내셨어요.

제 어린 시절을 또렷이 기억합니다.

제가 7, 8살쯤에 끔찍한 기근이 닥쳤어요.

1933년에 마을 사람들 전부가 징발의 피해자였어요.
합동국가정치보안부의 특별 팀이 동물, 야채, 옥수수, 밀 등등....

무엇이든지 가져갔어요.

내일까지 집을 비우시오. 내일 아침 내가 들어갈 테니.

저희는 그럼 어디로 가나요?

그건 당신네 사정이지.

제발 불쌍히 여겨주세요.

이건 쿨라크 계급이었던 제 이웃들 이야기예요.

우리는 어머니의 직업 덕분에 비참한 상황은 아니었는데, 다행히 부유하지도 않았죠.

우리는 자그마한 땅뙈기를 가지고 농사를 지었어요. 그리고 우리 가족을 먹여 살린 젖소 한 마리가 있었어요.

그루냐라는 이 젖소가 우리를 살렸죠.

빨리 서둘러라.
그들이 우리를 보면 총을
쏠 거야.

우리 부모님은 옥수수를 땅에다 숨기셨어요.

특별 팀 사람들이 도착하면 여기저기를
샅샅이 뒤졌어요.

거의 아무것도 찾지 못했기 때문에 소를
끌고 가려고 했어요.

데려가지 못하게
해주세요...

우리는 쿨라크도
아니고, 아무것도
가진 게 없어요!

전 콜호스에서
회계로 일합니다.

우리는 살아남으려고 갖은 방법을
다 썼어요. 나와 언니는 시장에 우유를
가져가곤 했어요.

예프로시냐,
기다려...

빨리 와.

못 하겠어!

매일 5~7리터를 팔았지요.

1리터에 얼마를
원하니?

4루블이요,
동무.

우유
МОЛОКО

갓 짠 거예요.

그 시기에 빵 한 덩어리는 100루블이었어요.
빵에 톱밥을 넣기도 했지요.

어쨌든 우유를 팔면 매주 빵 한 조각
정도는 살 수 있었어요.

음...냄새 맡아봐.

내가
들고가게
해줘! 내가
가져갈래!

그만해!

우유는 우리 가족이 먹는 음식이기도
했어요. 어머니는 우유를 양 창자 속에
넣으셨죠.

마샤,
좀 도와주렴.

여기, 그래.

그리고 그것을 오븐에 구우셨죠.
꺼내 보면 치즈가 되어 있었어요.

얘들아, 식탁에 앉으렴!

옥수수를 갈아서 팬케이크나 오트밀을
만들어 먹기도 했지요.

굶어 죽지는 않았답니다.

어디로 뛰는 거야,
마리아?

이 불쾌한 냄새는 뭐지?

나 몸이
안 좋아.

가을에 처음으로 일이 일어났어요.
저와 예프로시나는 놀다가 어떤 집 앞에
멈췄지요.

문이 열려 있었고, 그 안에서 역한 냄새가
풍겨 나왔어요.

숨을 참고 들어가서 보니 낮은 신음 소리와
애원하는 소리가 들렸어요.

늙은 루바노프 씨가 흙 위에 쓰러져 죽어가
고 있었죠. 그분 주변에는 배가 부푼
시체들이 있었어요.

그게 제가 목격한 첫 죽음이었어요. 저는
도시를 지나가는 수레들을 관찰하곤 했죠.

발가벗은 시체들을 모아 가져갔어요.

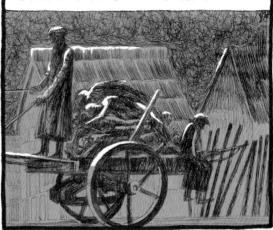

간혹 아직 살아 있는 사람들도 있었는데
그들은 빠져 나가려 애쓰기도 했어요.
하지만 그러기에는 너무 약해져 있었죠.

음...어디로
데려가는 걸까?

따라 와.

그들을 공동묘지에 데려가 미리 파놓은 구덩이에 한꺼번에 떨어트렸어요.
그러고는 한 뼘도 안 되는 흙을 덮었죠.

1934년, 거의 모든 사람이 도망가고 싶어하는데도 정부는 여전히 콜호스에 일을 부여했어요.

가족을 살리기 위해 부모님은 마그달리노브카를 떠나기로 결정하셨죠. 우리는 쿨레보프카 마을에 정착했어요.

우리는 나무 판잣집 하나에 세를 들었어요. 젖소는 여전히 생계의 주요 원천이었지요.

보통 시장에서 우유를 팔곤 했지요. 그리고 그 돈으로 다른 음식을 샀어요.

우리 형제자매는 다시 공부를 시작했고 아버지는 이제 운반 일을 시작하셨죠.

어머니는 땅을 갈아 농사를 지었고
우리 자매는 어머니를 돕곤 했어요.

이때쯤 어머니가 사고를 당하셨어요.
혼자서 쟁기질을 하시다가 일이 너무
무리가 되었는지 허리에 부상을 입으셨죠.

아!

그 부상은 평생을 갔어요.

엄마?

엄마?

기절하셨어.

우리는 돈이 한 푼도 없었기 때문에
병원에 갈 수 없었어요.

엄마

이리 오세요,
어서 가요.

나중에는 혹까지 자라났죠.

1935년에는 소를 팔았어요. 그 돈으로 음식을 사서 몇 달간은 살 수 있었어요.
그 후에 아버지에게 일이 생겼어요.

1936년 1월이었죠. 아버지는 드네프로페트로프스크에서 일하고 계셨어요.

실례합니다, 동무. 당신이 정직한 얼굴을 하고 계셔서 다시 돌아온 건데...

제 어머니가 많이 아프셔서 오늘 저녁에 저는 떠나야 합니다. 여기 은행에서 500루블을 받을 수 있는 서류가 있습니다.

제 대신 가서 받아 주신다면 사례를 약간 하겠습니다.

100루블을 약속하지요.

제 아버지는 순진해서 그 말을 그대로 믿으셨죠.

안녕하세요, 동무.

500루블을 지급받으려고 왔습니다.

잠시 기다려 주세요, 동무.

은행원은 매우 신중하게 경찰을 불렀고, 금방 경찰이 도착했어요.

우리와 갑시다, 동무.

당신은 체포되었습니다.

아버지는 상황을 설명하려고 애쓰셨지만,
아무도 믿어주지 않았어요.

시민재판에서는 그에게
1년 8개월 형을 선고하며...

전 결백해요.

가다려 주세요.

변호사 동무...

유감이에요.

제가 할 수 있는 건
다했답니다.

어머니는 그 소식을 듣고 절망하셨어요.

그들이 아버지에게
뭘 한 거죠?

안톤

그러나 어머니는 용기를 내려고 노력하셨죠.

너희 아버지는
강하고 정직하신
분이다.

금방 우리에게
돌아오셔서 행복하게
살게 될 거야.

난 결백해

결백하다고

나는 결백해

그만해, 병신 같은 놈.

131

감옥에서 나왔을 때 아버지는 많이 말라 있었어요.

결핵을 앓으셨던 거죠.

더 이상 일을 할 수 없던 아버지는 강박적으로 글 읽기를 배우셨어요.

아버지는 1946년에 돌아가셨어요.

얼마 후에 저는 결혼을 했습니다.

남편은 가난했지만 저를 정말 사랑했어요.

나는 당신에게 줄 게 별로 없어, 마리아 이바노프나.

우리는 집을 가질 수도 없었죠.

아마 내 부모님이 도와주실 거야.

어머니와 얘기해봤어.

좋은 분들이셔, 알지?

그리고 좋은 직업을 찾을게.

네

중요한 건 우리가 함께하는 거예요.

처음에 우리는 남편의 부모님과 살았어요.

죽배를 들자

제가 임신을 하자 그들은 저에게 끔찍하게 대했어요.

저를 때리기 시작했지요.

가장 힘든 일은 제게 시켰어요.

제가 음식에 손을 대지 못하도록
식료품실을 잠갔지요.

1947년에 딸 발랴가 태어났어요.

시어머니는 집에서 멀리 떨어진 곳에 있는 판잣집을 거의 공짜로 구하셨어요.
매우 작고 가구도, 마루도 없는 집이었죠.

발랴는 막 3살이 되었는데 제가 일을 해야 해서 아이를 매일 혼자 집에 두어야 했어요.

엄마, 오늘은 어디 가요?

알잖니, 얘야. 일하러 간단다.

낮 동안에는 시어머니가 오셨어요.

문 열어, 발랴! 네 할미다.

TOC TOC 뚝뚝

어서 문 열렴.

잘 있었니, 발랴?

안녕하세요, 할머니!

우유짜러 갈 건데, 같이 가고 싶니?

네.

시어머니는 아이에게 우유를 조금 마시게 하고 한 통은 집에 갖고 오셨어요. 제가 마실 게 없었으니까요. 이상한 관계였죠.

저와 남편도 젖소를 한 마리 사고 싶었지만, 그럴 돈이 어디 있었겠어요?

응, 예쁜 소였네.

알아요? 이름이 그루냐였어요. 우리 모두를 살렸죠.

저와 제 가족 모두를요.

우리도 한 마리 있었으면...

그건 금지된 꿈이었지만요.

전쟁^(*) 전에 저는 6학년까지 공부를 했어요.

그러고는 모든 것이 바뀌었어요.
제 두 형제는 전쟁의 선발대로 떠나게
되었어요.

안톤

샤샤

그들은 20살과 22살로 매우 젊었지만
다시는 돌아오지 못했죠.

어머니는 나치들에 의해 감옥에 갇혔다가
10달 후에 돌아오셨어요.

그 긴 4년 동안 우리는 공포 속에서
살았어요. 이것이 전쟁이구나!

사이렌이 울리면 모두들 대피소로 달려갔고,
경보가 해제되면 돌아와서 아직 살아
있다는 것에 행복해했지요.

* 제2차 세계대전

저는 아버지처럼 기관지가 약했어요.
허약했지만 교육은 충분히 받았답니다.

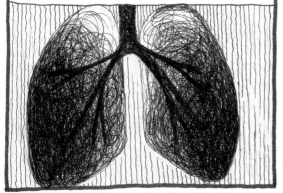

어머니처럼 콜호스에 취직해서 비서로
일했지요.

1946년에 이미 60~70루블을 벌었어요.

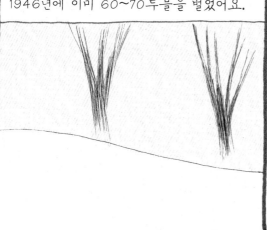

우리는 마그달리노브카 프리가라츠코이
마을의 원룸에서 살았어요.

제가 태어난 곳이었죠.

흐루쇼프(*) 시절에는 오직 사무직에 종사하는 사람만 흰 빵을 사는 것이 허락되었던
것이 기억나요. 다른 사람들은 검은 빵만 살 수 있었죠.

유감이에요, 동무.

하지만 전 검은 빵은 소화시킬 수
없어요. 먹을 수가 없어요.

중앙위원회 방침이에요.

* 스탈린이 죽은 뒤 소련 최고 권력자가 되었던 정치가

저는 평생을 딸을 돌보며 함께 살았어요.

차 좀 따라줄까?

얘야, 네 미래를 생각해 봐야겠구나.

정말, 정말로 중요한 일이란다!

제 딸은 잘 교육받은 아이였고, 고등학교를 졸업할 때 선생님들은 공부를 계속하라고 조언했죠.

네, 엄마. 생각해 둔 것이 있어요.

계속 말씀드리고 싶었어요.

우리는 금속공학 대학에 문의했어요.

공과대학

그 시기에 제 언니가 죽었어요. 제게 노보모스코프스크의 원룸을 남겼지요.

그 대학에서 공부하는 것은 힘들어 거의 아무도 해내지 못했어요.

제 남편은 1947년에서 1955년까지 공장에서 일하며 한 달에 100루블 정도를 벌었어요.

그러다 갑자기 자동차 사고로 죽어버렸어요.

딸이 공부를 시작했을 때 전 딸 곁에 있기로 결정했어요.

제 언니의 원룸을 팔고 셰프첸코 지역의 학생용 오피스텔의 방 하나를 잡았어요.

저는 자동차 전시관의 비서로 일을 시작했어요.

쉬는 날에는 버스에서 표를 팔았지요.
45번과 30번 노선이었어요.

저는 평생을 열심히 일했답니다.

표 사세요.

표 사세요.

제 딸은 대학을 마치고 한 젊은이와
사랑에 빠졌고 5년 후에 결혼했어요.

정말?

응, 흥미로운 일자리
제안이 들어왔어.

딸은 사위와 함께 비밀 핵 프로젝트의
기술자로 북한으로 일하러 갔어요.

그러나 그들은 쇠약해졌고 약 2년 뒤에
다시 돌아왔어요.

더 이상은 못하겠어.

이럴 수가!

딸은 갑상선에 계속 문제가 생겼고,
사위는 뇌에 문제가 생겼죠.

저는 브레즈네프[*] 시절을 아주 잘 기억하고 있어요. 맛있는 음식도 있었고, 값도 쌌어요!

옷은 비싸서 구입하는 일은 드물었지요.

모두가 그랬죠.

전 제 딸이 어떤 방법을 써도 아이를 가질 수 없다는 것을 알게 되었어요.

사위는 이제 장애 연금을 받습니다. 1,000그리브나(약 83유로)죠.

* 흐루쇼프의 뒤를 이어 장기간 소련 최고 권력자로 있었으며 동서 긴장 완화 정책을 폄음.

시간이 지날수록 사위는 점점 더 우울해하면서 자기 자신과 우리에게 난폭해졌어요.
그는 자살하고 싶어했죠. 우리는 그를 치료하려고 없는 돈까지 끌어 썼어요.
은행에서 6천 달러를 빌렸지만 아무 소용이 없었어요.
이제 우리는 저와 제 딸의 연금 전부를 저당 잡혔어요.
저는 죽기만을 기다리고 있고, 그리 되면 제 딸은 집을 팔 수 있을 거예요.
제 딸은 일을 하지 않고, 제가 모두를 돌보죠.

매일 아침 저는 채비를 하고 길에서 동전을 구걸하러 나가요.

원하는 사람은 제 체중계에 몸무게를 재볼 수 있어요. 그럼 몇 코페이카 정도를 벌죠.

전 딸과 함께 살지는 않고 연금으로 지내죠. 그걸로 겨울은 따뜻하게 보낸답니다.

2009년 9월 12일에 수집한 기록.

대지

안톤 파블로비치 체호프가 노래했던 우크라이나의 대초원(*)은 인상적이다.
끝이 보이지 않을 정도로 넓고, 소련 시절에는 대초원을 가로지르며 수확을 했다.

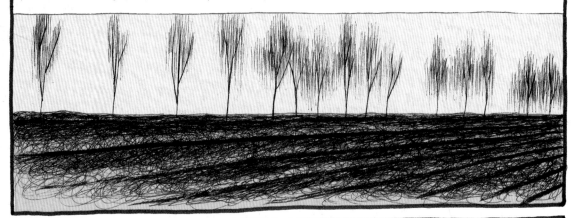

언젠가 이곳에 주 하나를 먹여 살리던 집단농장이 있었다. 지금은 아무것도 없다.
거대한 철조물들은 대부분 버려져 있고 정적만이 감돌고 있다.

고르코바에서 멀지 않은 곳에 몇백 명의 영혼이 잠들어 있는 마을이 있다.

* 체호프는 중편소설 〈대초원〉에서 우크라이나를 자세히 묘사해냄.

길 3개가 전부이고, 누군가는 '카페'라고 부르는 공장 직판장 두 곳이 있다.
가로등도 없는 밤에 새까만 어둠이 깔려 있다.

흐르는 물도, 가스도, 따뜻한 물도 없다. 인터넷은커녕 전화선도 왔다갔다 한다.

샤워는 농장 안에 있는, 나무로 된 오두막에서 한다. 다들 이런 데에 적응되어 있다.
우크라이나 농민들의 인내심은 유명하다.

에밀리아 바실리예프나의 집. 나는 태풍을 기다리며 농장 안에 있는 집에 앉아
하늘이 구름으로 덮이는 것을 보았다. 멀리서 천둥이 우르릉거리는 소리가 들린다.

나는 우크라이나의 광대한 자연과 생명체들의 연약한 삶에 대해 생각할 시간을 가졌다.
오리들이 남은 수박 조각 하나를 쪼아대고 있다.

에밀리아는 비가 올 것이라고 혼자 중얼댄다. 그리고 라디오를 켠다.
정자 아래와 농장 건물 전체에 '뜨레 솔디'[*]의 음악이 울려 퍼진다.

* 이탈리아의 라디오 방송 채널.

그 전날, 샤샤와 함께 끝이 보이지 않는 경작지를 사이드카로 달리던 중에 생각했다.

그는 헬멧도 쓰지 않고 웃통을 벗은 채로 귀청이 터질 듯한 소음을 내며 운전했다.
내게 운하를 보여주면서 "이게 우리의 바다에요." 라고 역설적으로 말했다.

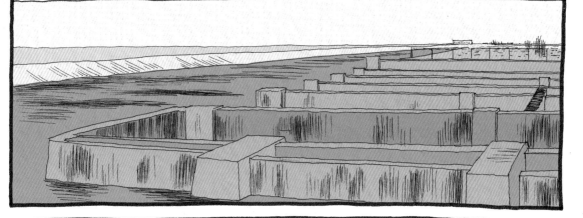

물은 녹색에다가 걸쭉했는데, 그들은 한여름 대초원에서 다이빙을 했다.

미래를 직시하는데 그 미래가 실망스러우면 슬픔이 다가온다.

세료자, 그리고 샤샤와 그의 여자 친구는 이 땅에서 살아갈 수도 없고, 이곳에서 무엇을 해야 할지도 모른다.

아무도 그들에게 가르쳐주지 않기 때문에 희망도 품지 않는다. 희망은 없고 오직 어지러움과 혼돈만이 있을 뿐이다.

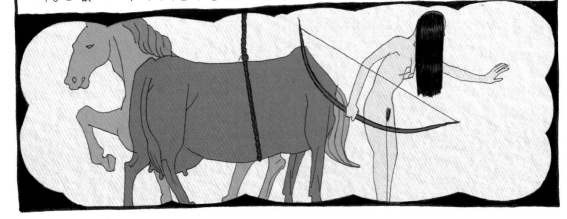

이제 하늘은 보랏빛이고, 동물들은 나무가 바스락거리는 소리를 듣는다. 태풍이 다가오고 있다.
'사바치카', 체호프의 이야기에 나오는 강아지 이름이다. 러시아어로는 그냥 '개'라는 뜻이다.

에밀리아는 그 전날에 만든 그녀의 훌륭한 방울양배추 피로시키[*]를
강아지들에게 주었다고 말한다.

농장 안의 동물들이 어수선하지만 비가 올 것 같지는 않는데...

드디어 빗방울이 떨어지기 시작한다.

* 밀가루 반죽 안에 다양한 소를 채워 만드는 러시아식 파이

니콜라이 이바노비치의 이야기

니콜라이 이바노비치는 대초원에서 태어나고 자랐다.
집단농장 시절에 그곳에서 에밀리아를 만나 결혼했다.
그는 여행도 하지 않고 도시의 생활을 부러워하지도 않는다.
"저는 여기가 좋아요."라고 말한다.
"아이들도 있고 가족도 있으니까요." 그리고 주변을 둘러본다.
나는 그가 이것저것 아는 것을 좋아하는 걸 알고서
러시아와 우크라이나의 신문들을 가져다주었다.
그는 미소를 띠고서 갓 만든 보르시치(*)를 맛보라며 감사를 표현했다.
수프는 따뜻했고, 시간이 정지한 듯했다.
나는 정말로, 인생이란 훨씬 더 단순해질 수도 있다고 생각했다.

* 러시아와 우크라이나의 전통 수프

저는 1939년 5월 10일에 자포로제[*] 지역에서 태어났지요.
조금 늦게 8살에 학교에 들어가 10학년까지 다녔어요.

고등학교에 들어갔지만 일을 해야 해서
입학한 지 1년만에 학교를 그만두고
트랙터 운전하는 일을 했어요.

오전 5시에 집에서 나와 저녁 6~7시에
집으로 돌아왔지요. 위험한 일이었지만
즐거웠어요.

봉급도 괜찮았어요. 밀과 음식을 사기에도
충분했고, 심지어 정부의 졸업장도 받았죠.

니콜라이 이바노비치 씨,

여기 서명하
세요, 동무.

* 우크라이나 동남부, 드네프르 강변에 있는 공업도시

156

유빌레인쉬 콜호스와 페레모제츠 콜호스가 합쳐지면서 우리는 두 지역의 모든 밀을 생산하기에 이르렀죠.

우리는 이 일이 매우 자랑스러웠어요.

그 시절에는 마을들이 버섯처럼 번져나갔어요.

그래요, 결심했어요.

진심이니?

기술을 공부하고 싶어요.

돈도 많이 들지 않고요.

매우 필요한 일이기도 하죠.

아버지, 저 정부 장학금을 탔어요.

보세요.

일과 학업을 병행하는 사람들도 있었어요.

후...기술직이
더 낫겠어.

보통 청소년기가 되면 다들 일을 시작하는
편이었죠.

하기 싫다고
말했잖아.

움직여, 바냐.
엄마가 너한테
잔소리하러
오시기 전에.

나 좀 내버려 둬.

이곳 땅은 매우 비옥해요. 다른 지역에서
많은 이들이 일하러 여기로 오지요.

사람들은 금방 굶주림과 기근을 잊습니다.

공산주의 시절에 사람들은 모든 것이 비싸지 않다고 느꼈어요.
가스통 하나가 80루블이었지요.

지금은 113그리브나(*)입니다. 연금이 550그리브나라는 것을 생각해보면 그래도 다행이죠.

마을이 성장하기 시작했을 때, 저와 아내는 이사를 했어요.

1974년이었죠. 그 전에는 다들 낡은 집에서 살았어요.

하지만 집단농장에서 일하는 사람들은 바로 좋은 집을 가질 수 있었어요.

도시에서 공장이나 사무실에서 일하는 사람은 몇 년을 기다려야 했죠. 정부가 그들을 도와줬고요.

* 2015년 기준 113그리브나는 약 250루블임.

정부는 주로 주택을 그 사람들에게 주었어요. 그리고...

자녀 수와 할당량에 따라 때가 되면 시내에 있는 집을 주기도 했죠.

집단농장은 다른 집단농장을 도와주곤 했어요.

동무들

내일 도착한다고 들었네.

예상량을 맞출 수 있을 거야.

어려움에 처한 집단농장을 도와주러 출발할 때는

탈곡기와 트랙터, 그리고 일꾼들을 데려갔어요. 보통 1주일, 또는 2주일 정도 일을 도왔고, 나중에 정부가 주는 상도 받았어요.

소비에트 연방이 무너진 이후 모스크바에서 로조프가 찾아왔을 때, 그는 멋진 연설을 했어요.

그는 우리가 우리 인생 중 가장 행복한 시기를 살았었다고 말했어요.

소비에트 연방

지금 우리가 살고 있는 자본주의 시대에서 사람들은 오직 자신만 생각한다고도 했지요.

그리고 그 땅들은... 대지는...

버려졌어요.

"대지는 버려졌어요."

이 말은 며칠, 몇 주 동안 내 머릿속을 맴돌았다.

부유하고 번성했으며 독립적이던, 한때는 유럽의 곡창이라 불리던 국가가

이제 빈곤 속으로 몰락해버렸다.

산업 생산을 해대던 소련의 신비로움은 공산주의 체제가 몰락한 뒤에는

죽어버렸고, 5개년 계획들, 집단농장은 추억이 되었다.

지금은 무기력 속에서 살 뿐이다.

우크라이나에는 소비에트적 인간, 즉 체제 순응형 인간들이

주어진 역할 없이 고립되어 있다.

이 거대한 재앙에 대해 서양에서 가장 사랑받은 러시아 정치가이자

소련 사람들이 '제너럴 세크리터리'(서기장) 대신 '미네랄'(천연수)

세크리터리'라고 불렀던[*] 미하일 고르바초프가 책임을 졌다.

---

* 고르바초프는 소련의 최고 권력자로서 개혁과 개방을 추진해 공산당 통치를 종결했으나 소비에트 연방이 해체되자 물러남.
  공산당 서기장에 취임한 뒤에 알코올 단속을 하자 소련 사람들은 '천연수'라는 뜻으로 '미네랄' 세크리터리라고 부르곤 했음.

니콜라이 이바노비치

에밀리아 이바노비치

나를 도시로 데려가려고 자동차가 기다리고 있다.
인사를 나눈 뒤, 니콜라이 이바노비치 씨가 눈에 띄지 않게 살며시
내게 편지 한 통을 건넸다.

> Мы в Советском Союзе жили
> в хороших условиях.
> Была в каждого работа,
> всё было дёшево. Пришли
> политиканы назвали это „застой"
> Было на Украине 52 миллиона.
> за время Независимой Украины
> за 18 лет умерло 7 миллионов человек
> работы нету цели очень кусаются
> и просвета не вижу в конце
> тонеля.   20.08.2009 год   Приходько.

내용은 이렇다.

소련 시절에 우리는 좋은 조건에서 살아왔습니다. 모든 사람이 직업이
있었고, 모든 것이 저렴했습니다. 하찮은 정치인들이 와서 이 기간을
침체기로 정의했습니다.
우크라이나에는 5천2백만 명의 사람들이 살고 있었는데
우크라이나가 독립하고는 18년 동안 7백만 명이 죽었습니다.
현재, 사람들은 일은 하지 못하고 물가는 올랐습니다.
이 터널의 끝이 어딘지 아무도 볼 수 없어요.

방사능

여름에 집 앞의 밤나무가 말라죽었다. 잎은 불에 탄 듯이 얼룩이 진 채로 말라버렸다.

대초원에 살아서 자연의 문제를 잘 아는 아나톨리 씨에게 묻자, 그는 내 손에 있는 나뭇잎을 가져가 살펴보더니 말했다.

방사능이에요.

체르노빌 원전 사고(*) 이후 다들 그런 현상에 적응했다.

아마 그 전부터 그래 왔을 것이다. 어떤 방식으로든, 일이 발생하면 몇 분만에 나무들이 말라버렸다.

공기 중에 뭐가 섞여 있을지 누가 알겠어요? 비를 맞으면 나무가 타버리더라고요.

러시아의 일간지 〈코메르산트〉는 2009년 8월 31일에 이렇게 썼다. '키예프 지역의 검사 알렉산드르 고르데츠키는 체르노빌에 27개의 방사능 물질 용기가 묻혀 있다는 걸 밝혀냈다.'

* 우크라이나 북부, 드네프르 강의 지류에 있는 체르노빌의 원자력 발전소에서 1986년에 원자로가 폭발해 엄청난 양의 방사능이 누출된 참사

드네프르의 지층과 주변 환경은 오염되고 있다.

뿐만 아니라 이 지역에서 생산되는 오염된 농산물이 다른 지역의 농부들에게 팔리고 있다는 것도 밝혀졌다.

혹은 법을 어기고 시장에서 팔리기도 한다.

발전소 주변의 출입 금지 구역에서 사냥을 하다가 적발돼 구금되기도 한 사람들이 200명이 넘는다.

또한 그 지역에서 낚아 올린, 약 3미터 정도의 이상한 물고기를 봤다는 증언들도 많다.

몇몇 사람들이 '페챠'라고 이름 붙인 이 물고기가 그 지역의 식당들에서 소비되고 있는지, 만약 그렇다면 어떤 결과를 초래할지 아무도 모른다.

2009년 7월 13일, 양과 소들이 길 가까운 데서 목에 줄을 매고 풀을 뜯고 있다.
날씨는 덥고 공기는 마치 시간이 멈춰버린 듯 고요하다.

내가 들어갔을 때, 세라피마 씨는 자신의 침대가 아닌 다른 집의 침대에 누워 있었다.

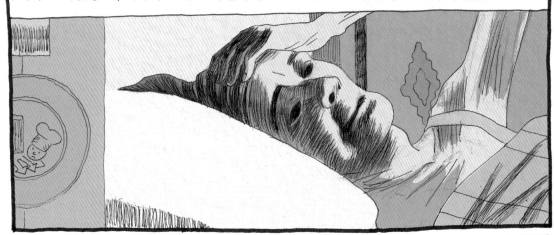

치료가 필요해서, 지금은 아들의 집에 머무른다고 했다.
그녀는 자신이 힘없는 나뭇가지처럼 시들어가는 모습을 보이는 것을 부끄러워했다.

일은 몇 달 새에 벌어졌다고 한다.
그녀는 병에 걸렸고, 본인의 의지와 달리 수술을 받았다.
"날 죽게 내버려두렴." 그녀는 아들에게 계속해서 말했다고 한다.
지금은 20kg, 혹은 그 이상이 빠져 그녀처럼 보이지 않았다.
석양에 불타는 그녀의 눈은 무언가를 말하는 듯했다.
나는 당황하고 싶지 않아서 그녀에게 인사를 하고는 방 밖으로 나왔다.
내가 떠나는 날, 그녀의 조카가 세라피마 씨에게 뭔가 말했고,
세라피마는 새가 짹짹거리는 듯한 목소리로 대답했다.

그녀는 나를 보기를 요청했고, 난 덕담을 하며 손에 입맞춤을 해주었다.
잠시 동안 그녀는 조금은 더 희망적인 듯했다.

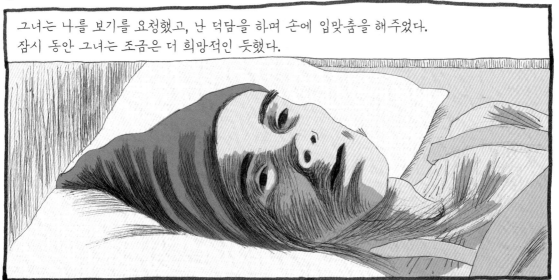

세라피마 안드레예프나는 그 뒤 채 2주도 안 된 2009년 7월 26일에 사망했다.

평화롭게, 어떠한 몸부림도 없이.

에필로그

현재^(*)의 우크라이나는 국제적인 지원을 구하고 있다.^(**)

왜냐하면 기아로 인한 죽음이 대량 학살만큼이나 심각한 문제로

UN의 '유리 궁전'에 알려졌기 때문이다.

UN 상임이사국인 러시아는 거부권을 행사하겠다는 의도를 명확히 드러냈다.

2008년 9월 26일, 우크라이나는 지원 요구를 철회했다.

이때 기아를 반인륜적인 범죄라고 한 나라들은 다음과 같다.

아르헨티나, 오스트레일리아, 아제르바이잔, 벨기에, 캐나다, 에스토니아,

조지아, 이탈리아, 라트비아, 리투아니아, 몰다비아, 폴란드, 미국, 헝가리, 바티칸.

* 작가가 이 작품을 마무리하던 2010년 전후임.
** 1990년대 내내 마이너스 성장을 하던 우크라이나는 2000년대 들어 잠시 나아졌으나 2008년부터 극심한 경제 위기를 겪음.

최근의 뉴스는 이렇다.

모스크바의 주요 광장들에 2010년 4월 1일부터 스탈린의 포스터가 곳곳에 게시된다고
한다. 현재 공산당을 이끄는 지도자들이 한 "멋진 미소다."라는 추천도 있었다.

불행하게도 이것은 만우절에 하는 농담 따위가 아니다.

〈우크라이나 이야기〉와 우크라이나 현대사

박 원 용

(부경대학교 사학과 교수, 서양사)

서울대학교 서양사학와 동 대학원을 졸업하고 미국 인디애나 대학교에서 소비에트 연방에 관한 논문으로 박사 학위를 받았다. 1920년대의 러시아 사회를 문화적 측면에서 접근하는 연구와 1930년대 스탈린 시기의 일상사에 대한 연구를 했으며, 현재 1920~1930년대 미국과 소련의 관계를 비롯하여 냉전으로 나아가는 과정을 연구하고 있다. 저서로 〈19세기 동북아 4개국의 도서 분쟁과 해양 경계〉(공저), 〈대중 독재와 여성: 동원과 해방의 기로에서〉(공저) 등 이 있고 〈E. H. 카 평전〉, 〈10월혁명: 볼셰비키 혁명의 기억과 형성〉 등의 번역서가 있다.

우크라이나는 우리나라에서는 언론 매체를 통해서도 접할 기회가 많지 않던 나라이다. 우리나라 사람들이 우크라이나에 대한 관심이 커진 것은 2014년 우크라이나 영토이던 크림반도가 러시아로 귀속되는 사건이 일어나면서이다. 러시아로 귀속되기까지 당사국들인 러시아와 우크라이나의 대립은 물론 미국, 독일까지 개입하는 국제 갈등, 크림반도 주민들의 국민투표 등 복잡다단한 사태가 이어졌다. 덕분에 2014년은 우크라이나가 우리의 언론 매체에 가장 많이 거론된 한 해로 기록될 것이다.

그런데 우크라이나와 러시아의 갈등을 크림반도를 둘러싼 일회적인 사건으로 평가한다면 사태의 본질을 놓치는 것이다. 거기에는 긴 시간에 걸친 두 나라 사이의 역사적 갈등이 놓여 있다. 이러한 부분을 한국의 일반 독자들이 파악하기란 쉽지 않다. 이탈리아의 저명 만화작가 이고르의 〈우크라이나 이야기〉는 만화라는 표현 수단을 활용하여 우리의 이러한 갈증을 해소해준다.

이 책은 1922년 소련에 편입된 이후의 우크라이나 현대사를 그 시대의 아픈 순간을 경험한 인물들의 증언으로 만화 형식을 빌려 재현하였다. 시각적 이미지를 통해 독자들은 우크라이나뿐만 아니라 소련의 현대사에 좀 더 쉽게 다가갈 수 있다. 또한 우크라이나의 현대사에서 가장 비극적인 사건, 즉 1932~1933년의 대기근이 우크라이나 사람들의 일상적 삶을 어떻게 파괴시켰는지를 생생하게 느낄 수 있다.

우크라이나는 드넓은 비옥한 토지를 갖고 있어 곡물을 수출하던 국가였다.

그리고 1922년 소련으로 편입되기 전까지는 비록 러시아, 폴란드, 리투아니아 등으로부터 지속적으로 침략을 받긴 했지만 독립을 유지해왔던 나라이다. 우크라이나를 소련에 편입시킨 직후 공산당 지도부는 우크라이나 민족 감정이 소련에 적대적으로 돌아서는 상황을 방지하려고 1920년대 말까지 우크라이나의 민족의식을 고취하는 정책을 실시하였다. 우크라이나의 고유문화와 언어는 이 시기에 적극적으로 장려되었다. 스탈린이 집권하면서 이 정책들은 완전히 역전되어 소련 공산당은 우크라이나의 자원과 역사적 전통을 자신들의 이해에 종속시켜 버렸다. 대다수 우크라이나인들의 생존 기반이던 농업 생산물은 소련의 공업화 전략에 따른 재원을 마련하기 위해 철저히 수탈되었다.

이고르가 이 책에서 재현하고 있는 1930년대 우크라이나 농민들의 참혹한 실상은 이런 정책의 결과였다. 소련 공산당은 우크라이나 농민들의 기본 생계수단인 농산물을 빼앗아 외국에 수출함으로써 산업화를 위한 재원을 마련할 수 있었던 것이다. 농산물 수출 국가라는 타이틀을 자랑삼아 떠벌였지만 소련 공산당의 참모습은 인민들의 생존 자체를 위협하는 '학살자'와 다를 바 없었다. 이러한 대기근의 상황 속에서 당시 우크라이나 사람들이 생존을 위해 벌였던 처절한 몸부림, 즉 동물과 사람의 사체를 먹어가면서까지 목숨을 연명했던 당시 사람들의 '비인간적' 삶을 이고르는 시각적 이미지로 재현하고 있다.

이고르의 〈우크라이나 이야기〉는 끔찍했던 과거를 재현하는 것으로 끝나지 않는다. 작가는 소련 체제가 무너진 이후 우크라이나가 다시 독립국가로서의 지위를 획득했지만 소련의 유산은 쉽게 사라지지 않았음을 지적하고 있다. 즉 소련 체제에서 많은 이득을 누렸던 세력들이 우크라이나가 독립국가로 전환하고 있는 과정에서 은밀한 저항을 적지 않게 표출하고 있음을 보여주고 있다. 이 세력들은 우크라이나의 진정한 민주화를 요구하는 인사들에 대한 암살까지도 마다하지 않으면서 우크라이나가 진정한 의미에서 전환되는 것을 가로막고 있다.

우크라이나의 당 서기로서 스탈린을 뒤이어 소련 공산당의 최고 지위에 오른 흐루쇼프를 떠올린다면 소련 체제에서 혜택을 누렸던 구시대 인물들의 저항이 전혀 놀라운 일은 아니다.

〈우크라이나 이야기〉에서 저자 이고르는 자신이 만난 인물들을 어떤 경우에는 1930년대의 시간으로 이동시켜 아직도 지속되고 있는 '과거의 아픔'을, 또 다른 경우에는 지금 이 순간에 겪는 '현재의 아픔'을 얘기하게 하고 있다. 시간을 적절하게 왕래하는 재현을 통해 한국의 독자들은 우크라이나의 지금 상황뿐만 아니라 과거 역사에도 쉽게 다가갈 수 있을 것이다. 그리하여 이 책은 러시아와 우크라이나를 둘러싼 최근의 갈등이 단기간의 대립에서 비롯된 것이 아니라 장기간의 역사적 맥락에서 유래하고 있음을 매우 효과적으로 보여주고 있다.

2015년 5월

우크라이나 이야기
2년간의 여행 기록

지은이 이고르   **옮긴이** 정소중

발행일 2015년 5월 25일 초판 1쇄 인쇄, 2015년 5월 30일 초판 1쇄 발행

발행인 신미희

발행처 투비북스

등록 제2010-000217호(2010년 7월 22일)   **주소** 성남시 분당구 수내로 206

전화 02-501-4880   **팩스** 02-6499-0104   **이메일** tobebooks@naver.com

디자인 여백커뮤니케이션   **제작** 금강인쇄

ISBN 978-89-98286-03-3 03920

값 14,000